女優

清水富美加の可能性

守護霊インタビュー

FUMIKA SHIMIZU

Ryuho Okawa

大川隆法

まえがき

若手女優・清水富美加《しみずふみか》さんのことが気になって仕方《しかた》ない。単にかわいい女優さんという理由でもなく、個人的趣味というのでもない。あの仏様の福耳《ふくみみ》をした女優さんの、本当の姿、可能性が知りたくなってきたのだ。

映画、ドラマ、バラエティ、本などを、見たり読んだりしても、まだ本物の富美加さんの姿は現れていないように思う。

本書（守護霊インタビュー）では、女優としての可能性と、それ以上のものを探《さぐ》ってみた。結果として手に入れた情報は、単に地頭《じあたま》がよいとか、演技がうまいとかのレベルのものではなかった。

まずは本書のご一読を願いたい。女優・清水富美加の「運命の輪」を回し、彼女に「覚悟《かくご》を決めよ。」と迫《せま》る一冊の書となることだろう。

二〇一七年　一月二十六日

幸福《こうふく》の科学《かがく》グループ創始者兼総裁《そうししゃけんそうさい》　大川隆法《おおかわりゅうほう》

女優・清水富美加の可能性　目次

女優・清水富美加《しみずふみか》の可能性

――守護霊《しゅごれい》インタビュー――

二〇一七年一月十七日　収録
幸福の科学 特別説法堂《せっぽうどう》にて

「霊言現象《れいげんげんしょう》」とは、あの世の霊存在の言葉を語り下ろす現象のことをいう。これは高度な悟《さと》りを開いた者に特有のものであり、「霊媒現象《れいばいげんしょう》」（トランス状態になって意識を失い、霊が一方的にしゃべる現象）とは異なる。

また、人間の魂《たましい》は原則として六人のグループからなり、あの世に残っている「魂のきょうだい」の一人が守護霊《しゅごれい》を務めている。つまり、守護霊は、実は自分自身の魂の一部である。したがって、「守護霊の霊言」とは、いわば本人の潜在《せんざい》意識にアクセスしたものであり、その内容は、その人が潜在意識で考えていること（本心）と考えてよい。

なお、「霊言」は、あくまでも霊人《れいじん》の意見であり、幸福の科学グループとしての見解と矛盾《むじゅん》する内容を含《ふく》む場合がある点、付記しておきたい。

女優・清水富美加《しみずふみか》の可能性

――守護霊《しゅごれい》インタビュー――

二〇一七年一月十七日　収録
幸福の科学　特別説法堂《せっぽうどう》にて

清水富美加《しみずふみか》（一九九四〜）

女優。東京都出身。「レプロガールズオーディション2008」でグッドキャラクター賞を受賞し、芸能界デビュー。二〇一一年、ドラマ「仮面ライダーフォーゼ」のヒロイン役に抜擢《ばってき》。二〇一五年のNHK連続テレビ小説「まれ」では、主人公の同級生役を熱演。さらに、映画「HK／変態仮面」等の話題作やバラエティ番組、テレビCMにも多数出演し、人気上昇中《じょうしょうちゅう》。

質問者

竹内久顕《たけうちひさあき》（ニュースター・プロダクション〔株〕芸能統括《とうかつ》専務取締役《とりしまりやく》
兼《けん》 幸福の科学メディア文化事業局担当理事）

三觜智大《みつはしともひろ》（幸福の科学メディア文化事業局経営企画《きかく》室長 兼 ニュースター・プロダクション〔株〕取締役 兼 メディア文化事業局担当部長）

竹内由羽《たけうちゆう》（幸福の科学宗務《しゅうむ》本部特別参与《さんよ》）

［質問順。役職は収録時点のもの］

1　人気急上昇《きゅうじょうしょう》中の女優・清水富美加《しみずふみか》の守護霊《しゅごれい》にスピリチュアル・インタビュー

「共演したい女優ナンバーワン」として人気急上昇の清水富美加

大川隆法　今日は、私にとってはやや難しいものにトライしようかと思っています（笑）。

幸福の科学の会員の平均年齢《ねんれい》も、私にだいぶ近くなってきているので、話が通じるかどうかは分かりかねるものがあるのですけれども、若手女優に清水富美加《しみずふみか》さんという方がいらっしゃいます。まあ、知らない方は知らないかもしれませんが、今、急速に人気が出てきている方です。「共演したい女優ナンバーワン」とも言われていて、共演したがる人がたくさん出てきています。

今、二十代前半の〝女優レース〟を見てみると、二十三歳《さい》の武井咲《たけいえみ》さんあたりが頭《あたま》一つ分ほど完全に抜《ぬ》けているようには見えるのですが、それ以外にも、土屋太鳳《つちやたお》さんとか、有村架純《ありむらかすみ》さん、この清水富美加さん、小松菜奈《こまつなな》さん、それから、今、期待されている新木優子《あらきゆうこ》さんなど、このあたりの人たちの人気がグーッと出てきているところで、今後どうなっていくのかは、あと二、三年見ないと分からないような状態です。

十代では、今のところ、広瀬《ひろせ》すずさんがダントツに抜け切っている印象ですけれども、二十二、三歳あたりではライバルがだいぶ増えてくるので、この先についてはまだちょっと分からない感じでしょう。

朝ドラ「まれ」ヒロインの親友役で有名に

大川隆法　今日の清水富美加さんは、マルチタレントとも言われていまして、いろいろなものに挑戦《ちょうせん》されているようです。

おそらく、いちばんよく知られているのはNHKの連続テレビ小説の「まれ」(二〇一五年放送)ではないでしょうか。土屋太鳳さんが演じたヒロインの親友として、主人公と正反対の性格の役で出たことによって、よく知られるようになったと思われます。

私は、北陸で講演会(二〇一五年七月二十日「宗教としての包容力《ほうようりょく》」〔石川県・金沢《かなざわ》北支部精舎《しょうじゃ》にて〕。『宗教としての包容力』〔宗教法人幸福の科学刊〕所収)を行《おこな》ったとき、夜、泊《と》まったホテルのロビーで「まれ」を観《み》ました。この朝ドラは北陸が舞台《ぶたい》ということもあって、客へのサービスとして流していたらしく、温泉から出てきた人たちが座《すわ》って観ていたところで、ついでながら、私も一緒《いっしょ》に観させてもらったのですが、このあたりで彼女の演技を比較《ひかく》的詳《くわ》しく見たのが最初かと思います。当時は彼女が二十歳《はたち》前後のころでしょう。

トーク番組での発言は真面目《まじめ》？　ユーモア？

大川隆法　それから、トーク番組等にもよく出ているようで、ちょっと面白《おもしろ》いなと思ったのが、ドラマで共演した土屋太鳳さんについて訊《き》かれたとき、「いつ死んでも天国に行くような人」とか「菩薩《ぼさつ》みたいな人」とか言っていたことです。たぶん、本気で真面目《まじめ》に言われたのだとは思うのですが、周りのお笑いタレントはそうは取らずに、「人を勝手に殺すなよ!?」などと〝騒《さわ》いで〟いたのを覚えています。真面目に言っていることとの落差がけっこうあるためにユーモアになる場合もあるらしいという感じでしょうか。

ほかに知られているものとして、仮面ライダーシリーズの四十周年記念作である「仮面ライダーフォーゼ」にも出ています。ちなみに、このときに共演した男性が福士蒼汰《ふくしそうた》さんですが、こちらも今、いろいろなものに出て有名になっていて、最近では小松菜奈さんと共演した映画「ぼくは明日《あす》、昨日《きのう》のきみとデートする」がヒットして、けっこう静かなブームになっていたと思います。あれもなかなか〝いい映画〟でした。

清水富美加さんのテレビ出演は、ほかにもいろいろなものに出ているので、そのすべては言及《げんきゅう》し切れません。

幅広《はばひろ》い役をこなす器《うつわ》の大きさに感心

大川隆法　もう一つ、彼女が有名になったきっかけの一つになったのが、たぶん、「HK／変態仮面」(二〇一三年、二〇一六年公開)という映画だろうと思います。これは、幸福の科学の会員のなかでも、「観られる人」と「観られない人」の両方がいるでしょう(笑)(会場笑)。

清水富美加さんのお父さんはこういう映画に出るのを心配し、お母さんは映画館に行ってくれたとのことですが、幸福の科学の総裁はどうであるかといえば、ビデオで一作目と二作目をすでに観《み》終わっています。

宗務本部《しゅうむ》のほうでは、「先生、こんなのも観るのですか」と、〝感動の嵐《あらし》〟が起きたようです（会場笑）。「かなり許容範囲《はんい》が広がったらしい」ということで感動したらしいのですが、別に私は何とも思わないというか、「まあ、頑張《がんば》ってるな」と思っただけでした。

「変態仮面」というと、響《ひび》きは少し微妙《びみょう》ですけれども、英語で言えばそうでもなくて、「アブノーマル・クライシス」（二作目タイトル）と、別に何ともないことでありまして（会場笑）、まあ、イメージとしては、「スパイダーマン」を日本的にデフォルメして、ちょっとずっこけた雰囲気《ふんいき》に見せた感じでしょうか。今、有名な鈴《すず》木亮平《りょうへい》さんが主演をしていて、体を鍛《きた》えて筋肉の筋《すじ》まで見せる感じの〝筋肉ムキムキマン〟に変身するというものでした。

ただ、私はこれを観て、清水富美加さんの「器《うつわ》の大きさ」のようなものを感じたのです。「ここにほかの女優を持ってきて、やれるかどうか」と、いろいろ考えてみたのですが、「できないのではないかなあ」という感じが強くありました。やはり、器が大きいのではないでしょうか。トーク番組に出ても、「私は、変態仮面はノーマルだと思います」というようなことを平気で言っていますので、大したものだなと思っています。

それから、今年出演する映画は「暗黒女子《あんこくじょし》」「東京喰種《トーキョーグール》」などがあるようですけれども、それぞれ、春と夏に公開予定なので、内容はまだちょっと分かりません。主演とヒロインとして出るのですが、おそらくは、性格俳優的にかなり難しい演技を要求されるのではないかと推定しています。

六十歳《さい》も年上の司会者の前で自作の歌を披露《ひろう》する度胸《どきょう》

大川隆法　清水富美加さんに対する私の印象を率直《そっちょく》に言うならば、もちろん、かわいい女優さんであることは間違《まちが》いありませんけれども、「かなり頭のいい人なのではないか」という感じがしています。これは、周《まわ》りはそう思っていないかもしれないし、本人も思っていないかもしれないのですが、私が見た感じとしては、「頭がすごくいい方」であるような気がしてしかたがないのです。

若いうちからトーク番組に出て、いろいろな大人を相手に話をするというのは、けっこう大変なことで、普通《ふつう》は番組がもたないでしょう。そうとう幅広《はばひろ》く、さまざまなことに関心を持っていないと、もたないのです。

例えば、「徹子《てつこ》の部屋」のように、今、八十三歳《さい》になっている方の番組にまで出て、番組をもたせているのを見ましたが、それは、かなり難しいことではないでしょうか。年の差、六十歳ですか。六十歳も年の差があると、二人きりの番組をもたせるのは、それほど簡単なことではありません。

また、その場で「高菜《たかな》おにぎりの歌」という〝自家製の歌〟を平気で歌い切っていました（会場笑）。「すっごい度胸《どきょう》だなあ」というか、「いやあ、よくやるなあ」というか、八十代の人に聞かせて〝もたせる〟というのは、それほど簡単ではないし、〝笑わせる〟のも簡単なことではないと思うのです。これはすごいなあと、ちょっと驚《おどろ》きました。

だから、「胆力《たんりょく》がある」というか、「器は大きい」し、「キャラクターの幅がそう広い」ので、いろいろな演技は可能だろうと思います。

また、育てる側としては、注意していろいろな可能性を試《ため》してみたほうがよいでしょう。その間は、あまり一方的な色がついてはいけない方ではないかという感じで見ています。

前提としては、そんなところでしょうか。

女優・清水富美加のポテンシャルを探《さぐ》ってみたい

大川隆法　そう言えば、マルチタレントというだけあって、本まで書いていますね。去年（二〇一六年）の十二月ぐらいだったと思いますが、『ふみかふみ』という本も出しています。
それ以外にも、「哲子《てつこ》の部屋」（ＮＨＫの哲学エンターテインメント番組）という番組にも出ているようです。これは、「徹子の部屋」の徹子を、哲学の子にしたタイトルですが、この番組で、哲学者たちとも話をしています。対談と言えるかどうかは分かりませんが、少なくとも鼎談《ていだん》のような感じで話をしていますね。

本を書いているだけでも普通ではないし、かなり頑張っていらっしゃるのではないでしょうか。

本人は、「勉強は嫌《きら》いだ」と言っているようですが、それでも、〝もたせて〟いるので、幅広い教養を持っているのではないかと考えています。

そこで、今日はこの人の今後の可能性について、「女優・清水富美加の可能性」とい

『ふみかふみ』
（清水富美加／写真：佐内正史／幻冬舎刊）

『SHIMIZU FUMIKA 1st Photobook』
（写真：石垣星児／マガジンハウス刊）

うテーマで、「ポテンシャル」を探《さぐ》ってみたいと思います。

今日は、清水富美加さんをよくご存じの方も（質問者として）来ているとのことなので、よろしくお願いします。

なお、私自身は彼女と直接お会いしたことはありません。ただ、ここ二、三年、関心を持って見ているところです。

それではお呼びしますか。

竹内久顕　はい、よろしくお願いします。

大川隆法　よろしくお願いします。

それでは、女優・清水富美加さんの守護霊《しゅごれい》をお呼びいたします。

当会もいろいろ演劇、演技等をやっておりますし、映画などをつくっておりますので、いろいろなことについて、お答えいただきたいと思います。また、若手の俳優、女優もたくさんいますので、何か参考になることを言ってくだされればありがたいと思っております。

それでは、女優・清水富美加さんの守護霊をお呼びいたします。しばし、われらの相手をしてくださりますことを、心の底よりお願い申し上げます。

（約十秒間の沈黙《ちんもく》）

2　女優としての「今の気持ち」を訊《き》く

緊張《きんちょう》しながら登場した清水富美加の守護霊

清水富美加守護霊　あ、とんでもないところに呼ばれちゃった……。

竹内久顕　（笑）

清水富美加守護霊　とんでもないところに呼ばれちゃった。

竹内久顕　本日はようこそお越《こ》しいただきました。ありがとうございます。

清水富美加守護霊　これは……、これは、ないんじゃないですか。いくら何でも、これは。

竹内久顕　ああ、そうですか（笑）。

清水富美加守護霊　両親の〝決裁《けっさい》〟を経《へ》てからでないと、これは。これはないんじゃないですか。もう、「バカ丸出《まるだ》し」って、もし両親が判定したら、どうするんですか。

竹内久顕　いえ、いえ。いちおうご確認ですけど、清水富美加さんの守護霊様ですか。

清水富美加守護霊　そうですよ。そうです。

竹内久顕　はい。

清水富美加守護霊　スカートぐらい、穿《は》かしてくださいよ。

竹内久顕　(笑)

清水富美加守護霊　もう、女性に見えなかったら、どうするんですか。今日は、「変態」じゃないですから。私、ノーマルです。

竹内久顕　はい。今日はぜひ、清水富美加さんのですね……。

清水富美加守護霊　緊張《きんちょう》してます、緊張してます。

竹内久顕　あっ、緊張してますか。

清水富美加守護霊　はい。

竹内久顕　では、少し〝緩《ゆる》やか〟に入っていきたいと思いますので、どうぞよろしくお願いいたします。

清水富美加守護霊　怖《こわ》い。みなさん、怖い。

竹内久顕　怖いですか（笑）。いや、ほんとに、フランクにお話しいただければと思いますので。

清水富美加守護霊　私の何を探《さぐ》ろうとされていらっしゃる？

竹内久顕　やはり清水さんといえば、今、時の人ですし……。

清水富美加守護霊　「ノーマル」か「変態」かを調べたい？

竹内久顕　（笑）いえいえ、そういったところは、追い追い……。

清水富美加守護霊　ああ、そうですか。

竹内久顕　はい。

清水富美加の今の立場は「チーズぐらい」？

竹内久顕　やはり、清水さんといえば、連続テレビ小説の「まれ」ですね。

清水富美加守護霊　はあ。

竹内久顕　こちらでヒロインの同級生役を演じて、「かわいい」ということで、日本中からファンが殺到《さっとう》するような感じであったと思うんですけれども。

また、今年（二〇一七年）は、映画が二本、控《ひか》えています。主演の「暗黒女子」が春公開で、夏には「東京喰種《トーキョーグール》」ですね。

清水富美加守護霊　はい。

竹内久顕　こちらのヒロインに決定し、もう撮影《さつえい》を終えて、夏に向けて準備されているると推察《すいさつ》されます。

清水さんはファンの方もとても多いですし、映画でも活躍《かつやく》されています。今年が始まりましたけれども、現在、どのようなお気持ちでいらっしゃるのかというあたりから、お話を伺《うかが》えればと思います。

清水富美加守護霊　まあ、上映が春・夏ですので、内容については、言ってはいけないとこが多いので。うーん、ちょっと内容については、そんなに申し上げることはできないですけれども。

まあ、体当たりで、どんなものでも挑戦《ちょうせん》してみようかなと、今、思ってやっているんですけどね。

あんまり、まだ選《え》り好みできる立場にはないので、出してくださるというものには挑戦したいなあというふうに思っています。

ほかの人たちが、「私をどんなふうに使えると見ておられるのかなあ」ということには関心があるので、「どういうふうに使おうとするかなあ」というところは見てはいますけど。

いやあ、私は、「やれ」と言われれば、何でも、やる気はあるんですけどね。どんなことでも、やろうとは思ってますけどね。

竹内久顕　けっこう、「まれ」のときの一子《いちこ》役もそうでしたし、「変態仮面」や「仮面ライダーフォーゼ」のヒロイン役もそうでしたけど、意外と個性的で、ちょっと独特な役が多いですよね。

清水富美加守護霊　うん、うん、うん。

竹内久顕　今年の二つの映画での役も、ダークな面の役になると思うんですけれども、いろんな役を演じているというのは、ご自身がそこに挑戦したいと思ってされているのか。それとも、とにかく与《あた》えられたものに全身全霊《ぜんしんぜんれい》で挑《いど》んでいくのか。どういうお気持ちで、今、されているのでしょうか。

清水富美加守護霊　もちろんね、雲母《きらら》さんみたいに、天使で出られたらいいですけども（二〇一六年公開の映画「天使に〝アイム・ファイン〟」〔製作総指揮・大川隆法〕で、雲母は主演を務めた）。まあ、私を見て、すぐ「天使に起用したい」と思う方はいらっしゃらないんですよ、あまりね。ちょっとこれが残念な、っていうか、自分としては、多少不本意かなあと思ってるんですけど。

ほんとはね、そういう役だって向いているんですよ。向いてるんですけどね。でも、そっちだって、土屋太鳳《つちやたお》さんのほうを先に使いたがるでしょうね。「天使」に使うんならね、たぶんね。

まあ、先ほど言われた小松菜奈《こまつなな》さんみたいな人でも、今、どっちでも使える女優で、ちょっと〝品定《しなさだ》め〟が終わっていない感じなんじゃないかと思うんですね。「悪いほう」でも、「いいほう」でも、どっちでも使えるような役で、今、その〝振《ふ》れ幅《はば》〟を見ておられるのかなという感じに見えますけど。

私のほうは、女優で失敗したら、もうギャグタレントみたいな感じで生きていけるというふうなのが、だいたいみなさんの感じなのかなあとは思ってるんですが。

まあ、二十二歳《さい》という境目《さかいめ》を越えてですねえ、いよいよ、「女優として生き残れるかどうか」っていうところが、かかってくるのかなあとは思ってます。

竹内久顕　うーん。

清水富美加守護霊　それと、確か、南原宏治《なんばらこうじ》さんの霊言《れいげん》で、「悪役をやるのは、けっこう難しいんだ」っていうようなことを言っておられたような気がするし（『俳優・南原宏治のガハハ大霊言』『南原宏治の「演技論」講義』〔共に幸福の科学出版刊〕参照)。

あと、女優の、えっと……。

竹内久顕　宮沢《みやざわ》りえさんですか。

清水富美加守護霊　宮沢りえさんじゃなくて、「天使に〝アイム・ファイン〟」に出ておられた芦川《あしかわ》よしみさんも、やっぱり、「嫌《いや》な役をやるのって、けっこう難しい」「そういうのに体当たりしていくことが大事だ」っていうようなことも言っておられたような気がするので(『守護霊メッセージ　女優・芦川よしみ　演技する心』〔幸福の科学出版刊〕参照)。

今のところ、主体的に、「これがやりたい」って言ってやれるような立場までは行っていなくて、選《え》り好みしなければ、いろんなところから、「合わせ役」っていうかね。うーん、なんかハンバーガーみたいですけど。〝パンで挟《はさ》み込《こ》む〟みたいな感じで、間に入れると、ちょっと盛り上がるとか、面白《おもしろ》いとかね。

竹内久顕　うーん。

清水富美加守護霊　なんかそんな感じで、今のところ見られてる。あるいは、ハンバーガーまで行かないかな。チーズぐらいかな。そんな感じに見られてるのかな、と思っています。

3　演技の魅力《みりょく》はどこから生まれるのか

「役づくり」の上で努力していること

竹内久顕　それで、清水さんの役というのは、ある意味で「個性的な役」なんですけれども……。

清水富美加守護霊　うん、うん。

竹内久顕　これを、どう捉《とら》えていらっしゃるのでしょうか。やはり、けっこう、清水さん流に、独特に解釈《かいしゃく》して、その個性をつくっていらっしゃる感じはするんですけれども。

清水富美加守護霊　まあ、遺伝もあると思うんですけどねえ。お母さんが、何か表情豊かな方ですから。だから、表情が豊かに出るのは、遺伝的にそういうところもあるので。

〝顔の筋肉の運動能力〟でしょう？

竹内久顕　そうですね。

清水富美加守護霊　〝顔の筋肉がどれだけ運動するか〟っていう。これには、やっぱり、けっこう生まれつきのものはあることはあるので。無表情の方もいらっしゃるし、表情豊かに変化する方もいらっしゃるので。

どちらかといえば、運動機能としては、「百メートル走がいくらで走れるか」っていうような能力ではなくて、〝顔の筋肉の運動能力〟みたいなところで、やや、人より優《すぐ》れた面があるらしいっていうことは分かりましたので。

まあ、「美人」とか、「かわいい」っていうだけだったら、ほかにも美人はたくさんいるし、かわいいのも、AKBみたいなのを山のように並べたら、いっぱいいますから。とても敵《かな》わないところはあるので、やっぱり、「〝顔の筋肉の運動量〟で勝負する」っていうあたりですかねえ。

あと、「全身を使っての表現力」っていいますか、ややオーバーに表現したり、あとは、ちょっと、ほかの人が勉強していないようなものも少しずつかじりながら、それを織り込《こ》んでみたり、生活実感みたいなものをストレートに表現してみたり……。

まあ、ある程度ストレートに言いすぎて、反響《はんきょう》っていうか、エコーが返ってくるものなど、普通《ふつう》のオーソドックスな王道型の女優なら受け止められないものを受け止めるっていう。このあたりが、おそらく、監督《かんとく》さんとか、そうした制作をしたいと思ってる方々にとっては、ある意味では、〝捨て駒《ごま》〟とは言わないけれども、「使い出がある」というように見てくださっているんじゃないかなあ、と。
「ちょっと余分な要求をして、ここはこうしたほうが面白《おもしろ》いな。普通の女優なら嫌《いや》がるかもしらんけど、この子なら『やれ』と言ったらやるんじゃないかな」みたいな、「プラスアルファの要求」に耐《た》えてくれそうな感じっていうか、〝サービス残業〟ですよね。「〝サービス残業〟的な動きがやれる」みたいな、そんなところを期待されているのかなあと、今のところ思っていますけどねえ。

「来世《らいせ》は坂本龍馬《さかもとりょうま》の奥《おく》さんになれるような女になりたい」

三觜　幅広《はばひろ》く活躍《かつやく》されているという面では、「人間力」や「度胸《どきょう》」がすごく高くていらっしゃるなと感じるんですけれども、そういったものを高めていく上で、努力されていることなどはあるのでしょうか。

清水富美加守護霊　うーん……。あのねえ、いつも寝《ね》る前に思うんですよ。やっぱりねえ、「来世《らいせ》、坂本龍馬《さかもとりょうま》さんがもし生まれ変わられたら、坂本龍馬さんの奥《おく》さんになれるような女になりたいな」と、いつも思っているんですよ。

竹内久顕　すみません、その心はどういうことでしょうか（笑）（会場笑）。「坂本龍馬」が突然《とつぜん》、出てきたんですけれども（笑）。

清水富美加守護霊　ええ？　やっぱり度胸でしょう。度胸があって、女にないような「決断力」や「即座《そくざ》の機転」が利《き》いてですね。いちおう、ヒーローものにも出ていますけども、やっぱり、「正義」は、私はすごく感じているんですよ。「正義」を感じているんだけど、「いかにも〝正義漢〟として活躍するんじゃなくて、上手にいろいろと助ける」っていうようなものに快感は感じますよね。

だから、そういう仕事をしてみたいなあという気持ちがあるので。何か、そんなヒーローのお側《そば》で生まれられるような人間になりたいなあという気持ちは、心のなかでは持っています。
まあ、演技は必ずしも選べませんけども、やりながら、次第《しだい》に、そんな気持ちが心のなかにはうずいてきますね。

「フォーマルな美女の役」がいちばん厳しい

三觜　やはり、自分の殻《から》を破ったりすることに対しては、最初、抵抗《ていこう》などがあると思うんですけれども……。

清水富美加守護霊　殻を破るのに努力したことは、あんまりないんですよ。
ただ、「フォーマルな」っていうか、「正式な美人とか、正式なかわいい女の子の役をやれ」って言われると、これがいちばん苦しい。これがいちばん苦しいんですよ。「普通のフォーマルな美女をやってください」、あるいは、「正式なかわいい女の子系でやってください」って言われるのが、本当はいちばん厳しくて。

もう、「地《じ》でやってください」っていうか、「好きにやってください」みたいな感じのほうが楽なので。まあ、そういう意味では、〝王道美女〟をやれる武井《たけい》咲《えみ》さんみたいな方に比べれば、「武井咲さんができない役をやってのける」みたいなのが、今のところ、生きがいですかねえ。

三觜　「何とかします」というか、「やってみます」というのは、本当に器《うつわ》の大きさだとは思うんですけれども、そういったところについて、何か……。

清水富美加守護霊　だから、今年（二〇一七年）は大《たい》河《が》（「おんな城主 直虎《なおとら》」）で柴咲《しばさき》コウさんが女城主《おんなじょうしゅ》をやっています。これは嘘《うそ》か本当かって、いろいろあるそうですけども、女城主をやっていますが、あと十年たったら、あんな女城主だって、「やれ」と言われればやれるぐらいの女優にはなっていたいなと思っています。

「そのくらい、幅のある女優になっていたいな」っていう感じはします。そこまで行くには、やっぱり、「善の役」も「悪の役」も、いろいろ演じなきゃいけないんじゃないかなあと思っていますので。思い切って、「不良のドン」みたいな役だってやってみたいし、入れ墨《ずみ》を入れた「極道《ごくどう》の妻《おんな》」みたいなのだって、やろうと思えばやれるところぐらい見せてみたいし、演技の可能性の幅がどの程度あるのか、お見せしたい。

ただ、「床《とこ》の間《ま》に飾《かざ》るような美女をやってくれ」って言われるのが、本当は、「いちばん厳しいなあ」っていう感じはします。

竹内久顕　うーん。

いろいろな役ができる「プラスアルファの女」を目指している

竹内由羽　本日は、ありがとうございます。

清水富美加守護霊　はい。

竹内由羽　私は、富美加さんがデビューをする前の中学時代に、少し面識があったんですけれども。

清水富美加守護霊　はい。

竹内由羽　（笑）

清水富美加守護霊　〝変なこと〟言わないでください。

竹内由羽　はい（笑）、大丈夫《だいじょうぶ》です。

富美加さんは、そのころからすごくかわいらしくって、笑顔がとても素敵《すてき》で。どちらかというと、天使の役や正統派の美女というのが似合うと思うのですが……。

清水富美加守護霊　いや、中学時代はモテてたから。そのころはモテてたから、そりゃあそうだと思いますよ。

竹内由羽　そちらのイメージのほうが強いんですよ。

清水富美加守護霊　モテてました。だから、そりゃあそうです。

竹内由羽　はい（笑）。

清水富美加守護霊　だけども、「美女コンペティション（競争）」のなかへ入ると、もうたくさんいるんですよ、日本には。その美女コンペティションのなかで勝ち上がるっていうのはね、これは両親にあんまり責任をかけてはいけないから、それ以上のことを……。

「なんで、こんな顔の、この程度の顔で止《と》めた?」って言っては、仏の教えに背《そむ》きますから。そういうことではいけないので。やっぱり、自分の努力ができる範囲《はんい》内で努力する、と。

そうしたら、お化粧《けしょう》と髪型《かみがた》とか、服装ぐらいまでは少しはできるけど、それから先は、ちょっと無理な部分があるから。やっぱり、演技力っていうか、そういうもので行かないといけないかなと、今は思っています。

ただ、「正統派美女に戻《もど》してくださる」っていうんなら頑張《がんば》ります。私にとっては、そうした正統派美女を演じることが、「変態仮面」になることそのものではあるんですけども。私は、変態がノーマルで、ノーマルが変態に見えている面が多少あるのかもしれませんけど。

まあ、これはあれですよ。幸福の科学の経営論で言うと、やっぱり、「ニッチ戦略」ですから。ほかの人ができない隙間《すきま》を攻《せ》めて、そこでずっと抜《ぬ》け出して、ある程度、支持を取って、視聴率《しちょうりつ》が取れるタイプの女優になれば、いろいろな役がだんだんに回ってくるっていう。まあ、そこのところを考えているのはそのとおりなので。

最初から美女グランプリで選ばれて、「そういうお姫様《ひめさま》役以外は、もうできない」っていったら、ちょっと無理で。私がお姫様役をやっても、やっぱり、途中《とちゅう》で変身して、何かやらかす役がたぶん回ってくるだろうと、今のところ、だいたい推定しますよね。

だから、「最初から最後まで、お姫様役」とか、そんなのは、若干《じゃっかん》、厳しいだろうな、と。映画をつくる人とか、ドラマをつくる人の構想で行ったら、私には、すぐにシンデレラの役を与《あた》えたりして、まあ、「貧しくていじめられるシンデレラをやっていて、それが王子様に選ばれて、パンパカパーンとなって結婚《けっこん》に至る」というだけで終わりでなく、そのあとに、ちょっと何か〝落ち〟をつけないといけなくて。

シンデレラがさらに変身して、何かをやっちゃう部分をつければ、やっぱり、ドラマとしては、たぶん面白くないと、みんな考えるだろうなと思います。そういう意味では、「プラスアルファの女」というところで、今のところ勝負している。

4 共演者たちから好かれる秘密とは

演技の味付けは「人類愛」や「隣人愛《りんじんあい》」

竹内久顕　やはり、そうした〝味付け〟をしている部分が清水さんの強みといいますか、売れているポイントではあると思うんですが、どのような思想というか、考え方で、その〝味付け〟をされているのでしょうか。そこをお伺《うかが》いしたいんですけれども。

清水富美加守護霊　まあ、大きく言えば、「人類愛」ですね。

竹内久顕　少し大きすぎませんか（笑）。

清水富美加守護霊　ちょっと大きすぎますか。じゃあ、「隣人愛《りんじんあい》」。

竹内久顕　隣人愛。

清水富美加守護霊　というか、まあ、いろいろな方がいらっしゃいますので、好き嫌《きら》いをあんまり出すのはよろしくないので。やっぱり、「仮面ライダーフォーゼ」の福士蒼汰《ふくしそうた》さんもそうだったように、「みんなと友達になりたいんだ」というような感じですかね。いちおう、そういう姿勢は持ってなきゃいけないかなあと思うので。

やっぱり、「一緒《いっしょ》に演技したり、一緒に撮影《さつえい》したりしている人たち、みんなと友達になる」っていうか、「悪い感情を与《あた》えないように」っていう努力はしています。人によってはツンとして、「自分と合う、合わない」みたいなのをはっきり分ける方もいらっしゃるとは思うんですけど、そこは努力してますねえ。なんか、思想的な面もあって努力しているし、両親もそういう考え方を強く言ってくださるので。

まあ、むしろ、演技のほうを心配してくれてるほうかもしれませんけどね。「おまえ、そんな役やって大丈夫《だいじょうぶ》か」っていう感じのほうがやや強いですけど（苦笑）。とりあえず、自分は自分のやり方で、まあ、あれですよ。（壁《かべ》をよじ登《のぼ》るようなしぐさをしながら）やっぱり、岩壁《がんぺき》を登っての、壁登りのあれをやっている。あんな感じは、ちょっとはしますねえ。

脇役《わきやく》や悪女役のときの「心の操縦法《そうじゅう》」

竹内久顕　実際、タレントが売れていくときには、やはり、何らかのオーディションに受かってそれが叶《かな》う場合と、清水富美加さんのように、ヒロインで応募《おうぼ》したけれども、「ヒロインの友人役」で受かったという場合もありますが、そこから、つかむ人はつかんでいきますし、つかまない人はそのまま終わっていくと思うんですね。

それで、つかんでいく人というのは、先ほど、清水さんもおっしゃったように、「何か、味付け部分を持っている。この子は、何か持っていて惹《ひ》かれる。ただ演じるだけではなくて、その人なりの個性を出してくる」というところがあると思うんです。

例えば、ドラマの「まれ」に絞《しぼ》って言いますと、あのとき、清水さんは主人公の同級生の一子《いちこ》役でしたが、この役を演じるときに、自分なりに、どう〝味付け〟していかれたのでしょうか。今おっしゃった周りへの愛から、どのように役柄《やくがら》として結実していったのでしょうか。

このあたりを少しお伺いしたいのですが。

清水富美加守護霊　いやあ、「希《まれ》」っていうのは、すごく純粋《じゅんすい》なね、いい子でしょ？

竹内久顗　はい。

清水富美加守護霊　とってもいい子だから、まあ、それで完結はしてるんですよ。本当にいい子で、「北陸の誉《ほま》れ」みたいな方でしょうけども。

そのときに、私も主役のほうでオーディションを受けているわけです。それで出たいわけで。だから、「負けた」と言えば負けて……、まあ、負けたんじゃなくて外れて、いちおう、「その友達役」ということであったんだけど、やっぱり、そこのところで「心の切り替《か》え」は要《い》ると思うんですよね。

だから、「主役をやりたかったのに」という気持ちを持っていたら、主役がただ二人いるだけにしか見えないので。

やっぱり、そういうところで、役柄として親友役で、「ちょっと対照的《たいしょうてき》な役を演じろ」と言うならね。まあ、希《まれ》は希で非常にみんなから好まれるような人柄でしょうけども、「それと対照的な役をやれ」と言うなら、「できるだけ、主役が引き立つというか、主役のよさがもっともっと引き立つような対照的な役を演じ切ることで、これを引き立てていく」っていう役に気持ちを切り替えて、ちゃんとやるというか。「私が主役をやったほうが、本当はこのドラマ、よかったでしょう」みたいな感じを最後まで持ってたら、やっぱりいけないので。まあ、そのへんの「心の切り替え」みたいなのは、自分としては頑張《がんば》ってやってるつもりではいるんですけどね。

竹内久顕　そうしますと、女優であっても、「心の修行《しゅぎょう》」の部分というのは、とても大事なのかなと思うんですけれども。

清水富美加守護霊　大きいと思いますけど、私は。

やっぱり、基本的に、同じ役柄はあまり来なくて、違《ちが》うのが来るから、そのつど、そのつど、その人になり切らなければなりませんので。これを、「心の操縦《そうじゅう》」っていうのを教わってるから、一生懸命《いっしょうけんめい》、努力して、やってるつもりなんですよねえ。だから、悪女役だったら、今度、自分のイメージは、「憑依霊《ひょういれい》が憑《つ》いていて、今、動かされているような感じになり切ろう」として、やっていますしね。

「また使いたい」と思ってもらうための秘訣《ひけつ》とは

竹内久顕　ある意味で、映画もドラマもそうなんですが、プロデューサーやディレクターが見て、「この子はまた使いたい」という方は、どんどん仕事が増えていくんですけれども。

清水富美加守護霊　うん。

竹内久顕　清水さんというのは、まさにそういった方で、周りが放《ほう》っておけない存在に、今、なっていると思うんですね。それは、清水さんのどういうところに感応していくのでしょうか。
　また、先ほど、「隣人愛」ということもおっしゃっていましたが、そのあたりとは、どうつながっていくのでしょうか。

清水富美加守護霊　うーん……、言葉で説明するのは難しいんですけど。私なんか、お姉ちゃんもすごく頭のいい方だから。まあ、自分はそういうふうにはなれないので、自分は自分なりの存在感っていうか、生まれた意味を見つけたいなとは思ってるんですよ。
　それを考えるときに、まあ、一つは、美人女優の場合だったら、「美人」ということで、「どうしても、そういうふうに扱《あつか》わなきゃいけない」みたいな感じって出てくるじゃないですか。もう、いかにも見ただけで、パッと映《うつ》っただけで、「あっ、この人は主役なんだな」とか分かるようなキャラっていうのはあるじゃないですかね。「そういうふうに扱わないとドラマが成り立たない」って、最初から、もう映っただけでパッとそういうふうになるじゃないですか。

例えば、武井咲《たけいえみ》さんみたいな人だったら、もう映った瞬間《しゅんかん》に、「この人を主役にしないとドラマが成り立たない」っていうのが分かるじゃないですか。みんなが、「その人を立てないと成り立たないなあ」というのがあるけど、私の場合は、ちょっと、「上がり」も「下がり」も、どちらであっても構わない扱い方。各回、どういうふうに扱っても構わなくて、だんだんだんだんに、私としては味が出てくる。ほかの人から見れば、「物語そのもの、あるいはストーリーそのものが成功する」という方向に持ってこられればいいわけですよね。

だから、いずれ、年をもうちょっと取れば、生徒の役じゃなくて、女教師の役だって回ってくるかもしれませんけれども、そのときに、「『ごくせん』みたいな役をやれ」と言われれば、もう私はやるし、「『ごくせん』以上をやれ」と言われれば、まあ、やるかもしれません。本当に、「ごくせん」ではなく、「水着仮面」とかいって（両腕《りょううで》を広げる）、まあ、こんなのをやるかもしれませんけれども。

竹内久顕　そうですか（笑）。

「ギャグにも手を抜《ぬ》かずに付き合いたい」

清水富美加守護霊　でも、とにかく、大川隆法総裁もおっしゃっているように、やっぱり、芸術っていうのは「表現愛」なんだと思うんですよね。「美」はそうだと思うので、この表現していくところに、みんなが求めているもの、あるいは、本当の需要《じゅよう》っていうか、みんなが見たいものを、どういうふうに、自分の心を砕《くだ》いて表現していくかっていうところが大事なんだと思うんです。

だから、お笑いタレントの方なんかは、もうベテラン揃《ぞろ》いですから、どんなことでもギャグネタにしてくれて、面白《おもしろ》く盛り上げてはくださるんですけども。それでも、彼らが一生懸命盛り上げようとしても、盛り上がらないタイプの人もいるでしょう？　重いタイプの方もいるから、まあ、「そういうふうにはならないようにしよう」と自分では思っていて。

「彼らが乗せたいときには、ジュッと、そのまま、うまく乗せられよう」と思うし、彼らが深刻な感じで、「私のよさを引き出したい」と考えていると思うときには、そういうシリアスな面もちょっと見せてみたり、「上げるのにも下げるのにも、真正面から来るのにも変化球にも、どういうものにでも対応できるような自分になろう」というようには思っています。

だから、そのへんの心配《こころくば》りはしているので、そうした努力は、多少、分かってくださっているのかなあ、と。「この番組を外さないようにするために、清水富美加は最後まで手を抜かずに、ちゃんとわれらのギャグに、波長《はちょう》を合わせて付き合ってくれた」みたいな感じが、多少、分かるんじゃないでしょうかね。

それが、やや、主演女優風に鼻にかけてるかたちだったら、（番組のギャグに対して）「くっだらないわ」っていう感じは、どうしても出るじゃないですか。

竹内久顕　はい。

清水富美加守護霊　やっぱり、それを人に見せるっていうことは、私は、「隣人愛」っていうか、「他人への愛」っていう意味では、ちょっと欠けるものがあるんじゃないか、と。

だから、ほかの芸人さんたちも、お笑いをやっているけど、本当に人生をあんなふうにだけ生きているわけではなくて、やっぱり、「お笑いによって、多くの人たちの気持ちを明るくしよう」とか、「世の中を生きやすくしよう」とか、「何かお助けしたい」という気持ちでやってるんだろうから、そういうものを壊《こわ》さないように、しっかりしなきゃいけないなあ、と。

だから、もともと、そんなに賢《かしこ》くなくてバカなんだけども、「バカにされても怒《おこ》らないバカ」っていうか。だけど、「本当は知ってることもあるんだけども、知ってることがあっても、まるで知らないかのように合わせることもできるような自分」っていうかね。

まあ、そういう自分を演じながら、それについて相手にあまり大きな義務感っていうか、オブリゲーション（義務）を負わせない感じ。「清水富美加をこんなふうに扱っちゃった」っていうような罪悪感を持たしちゃいけないなあと、いつも思っているので。どんなふうに扱われても、「何となく、まとまったかな」と思わせて帰っていただくというようなことは、いつも思っています。

5　清水富美加は〝女子力《じょしりょく》〟が高い!?

「女子力が高い」と言われて戸惑《とまど》う清水富美加の守護霊

竹内由羽　バラエティ番組などを観《み》ていて、「すごく女子力《じょしりょく》が高いなあ」と感じていたのですが……。

清水富美加守護霊　いやあ、それ、それ、それ言っちゃダメ。それを言ったら、あなた、料理も家事も、すぐできなきゃいけないじゃない。

竹内由羽　いえ、いえ（笑）。

清水富美加守護霊　それ、取材が来ますから。

ダメ、ダメ、ダメ、ダメ、ダメ、ダメ。

竹内由羽　でも、何か、女性としてのきめ細《こま》やかさだったり、空気を読む能力だったり……。

清水富美加守護霊　ええ。その程度なら、いいですよ。

竹内由羽　求められているものをさっと差し出せる能力というのは、それも「女子力」と言うのではないかな、と。

清水富美加守護霊　（胸に手を当てながら）「女子力」っていう言葉は、やっぱり、ちょっと、響《ひび》くものが……。

竹内由羽　（笑）

清水富美加守護霊　それは、「定義」が難しい。

竹内由羽　難しいですか。でも……。

清水富美加守護霊　「女子力」っていうと、普通《ふつう》はねえ（会場笑）、（竹内由羽を指しながら）奥様《おくさま》のように……。

竹内由羽　いえ、いえ（笑）、私が言うのも何なんですが。

清水富美加守護霊　奥様のように、何でもできる方のことを言うんじゃないですか。

私は、演技では、食べる演技もいろいろしますけど。食べ物がすごく好きそうなようには見せていますし、食べるのは好きですけど、つくるほうというと、どちらかというと、「めんどくさい」といえば、めんどくさいので。まあ、ごく一部のものはつくれますすけども、大多数のものは、すでにあるもののほうがよくできているものが多くて。やっぱり、外食とか、あるいは、すでに売っているものとかのほうが出来がよくて、自分がつくるよりはいいところで。

「女子力」を言われると、ここのところの〝追及《ついきゅう》〟がたぶん入ってくるから、お母さんに怒《おこ》られます。嘘《うそ》をついたら、「あんた、舌を引っこ抜《ぬ》いちゃうぞ」って、きっと言われるから。

清水富美加の「妊婦《にんぷ》役」がリアルだった理由

竹内由羽　清水富美加さんの今までの演技のなかで、私のなかで、すごく印象に残っているものとして、「コウノドリ」という産婦人科医のお話があったんですけれども……。

清水富美加守護霊　はい。はい。

竹内由羽　そのなかで、確か、妊婦《にんぷ》さんの役柄《やくがら》で出ていらっしゃったと思うんですが……。

清水富美加守護霊　ああ！　はい。はい。はい。あれ、きついですよね、本当にねえ。

竹内由羽　（笑）いえ、いえ、いえ。とてもよくって。「妊婦さんの役でお産のシーン」というのは、今まで幾《いく》つも観たことはあるんですけれども……。

清水富美加守護霊　ええ。

竹内由羽　私も二人出産をしてまして、ちょっと、「こんな軽くはないんだよな」という感じで観ているものが多かったんです（笑）。

ところが、富美加さんが演じられていた妊婦さんのお産のシーンを観たときに、すごくリアルで、自分のお腹《なか》の痛みを思い出してしまうような感覚に陥《おちい》りました。

そうした経験のない役を演じることができるのは、やはり、感受性や感性がとても優《すぐ》れていらっしゃるからかなと思ったんです。

何か、その「もとになる部分」というのがおありなのでしょうか。

清水富美加守護霊　そのリアルさは、女子力とはちょっと違《ちが》うかもしれなくて（笑）。

竹内由羽　いえ、いえ。

清水富美加守護霊　そのリアルさは、実は「滑稽《こっけい》さ」なのではないかと思うんですよ。

こういう言い方をして、妊娠《にんしん》されている女性のみなさまがたを傷つけるようなことがあってはいけないとは思うんですが。愛しておられる旦那様《だんなさま》であっても、臨月《りんげつ》が近づいている奥様のお姿とかを見たら、心ならずもですねえ、もう本気で言ってしまうと、やっぱり〝滑稽味〟があるんですよね。いや、女性っておかしいんですよ。

だけど、それを言ったら相手が傷つくから、言っちゃあいけないんだけど、どうしても言いたくなるような感じってあるんですよね。でも、それが本当は「リアル」なんです。

ただ、ほかの人たちは、そこまで〝滑稽味〟を出すことができないので。実は、シリアスであればあるほど滑稽なんですよ。妊婦の役っていうのは、シリアスになると滑稽になるんですが、「その滑稽さにどこまで耐《た》えられるか」っていう問題なんだと思うんですよね。

だから、子供を産んだこともないのに妊婦役をやるとか、出産役をやると、確かに、けっこうきつい仕事ではあるんですけど。

竹内由羽　そうですね。

清水富美加守護霊　私は、その「男性目線から見たときの滑稽さ」みたいなものを、ちょっと、何か理解できるんですよ。

だから、女性目線だけから見たら、「滑稽に見える」っていうのは「腹が立つ」というか、「何て失礼な」っていうか、「女が命を懸《か》けて出産しようとしてるのに、それを笑いものにするとは何事か」っていう。女性目線は、必ずそうなると思うんですよ。

でも、男性目線から見ると、やっぱり、愛しておられる旦那様であっても、本当は滑稽だろうなあと私は思ってるんです。ちょっと、何か、ドナルドダックがヨチヨチ歩いているような感じに見えるようなところもあるし。その気持ちは、何となく、私には分かるので。

まあ、あえて言えば、出産する女子の「深刻な部分」や「大変な部分」は、もちろん演じているつもりだけれども、「それを見ている男性の目線がどういうふうに見えているかっていうことも意識している」っていうところが、ちょっと違うのかな、と。

これは、女子力とはちょっと違う面で、どちらかといえば、監督さんとか、プロデューサーなんかの目線に近いのかもしれません。あるいは、テレビの視聴率が分かる人たちの目線に、ちょっと近いのかもしれないですけども。

女優として、常に自分に「言い聞かせている」こと

清水富美加守護霊　まあ、「私を妊娠させて出産させる」なんていうのを、よく考えるなあと思うところもあるわけだけども（笑）。やっぱり、「私にやれない役はない」ということを、一生懸命《いっしょうけんめい》、毎日、自分に言い聞かせて……。まあ、もちろん、妊婦さんを見ることはできるし、実際に、出産のシーンとかも勉強することは可能ですから、「感じ取れ」と言われれば感じ取ることはできますけれども。

やっぱり、常に自分に言い聞かせているのは、「自分にできない役なんかないんだ」っていうことで、ポジティブ思考で自分自身を説得して、そういうふうに思わせようと思っているわけですよね。

だから、（質問者の）由羽さんのような美しい方でも、おそらくは、臨月を迎《むか》えてご出産なされるときには、あらぬ言葉も発されたり……。

竹内由羽　（笑）

清水富美加守護霊　あらぬ「感情の起伏《きふく》」とか、ご主人に対する「八《や》つ当たり」とか、やっぱりあるんだろうと思うんですよ。

それは、ほかの人から見たら、普通はちょっとおかしいんだと思うので、ファニーなんだと思うんですけれども。「そういう自分をも受け入れる」っていうかなあ。そういう気持ちで演技をやっているので、それがリアルに見えて、いいように見てくださる方には、女子力が高いように見えるんだろうと思うんです。

ただ、私自身は女子力が高いわけではなくて、もしかしたら、「別に気取《きど》る気持ちがない」っていうだけかもしれません。「気取る気持ちがなくて、ドラマとして観ておられる方々の視線を集めて、観ている方の気持ちが分かるっていう感じでやっている」というか、「こうしたほうが、より面白《おもしろ》く見えるだろうな」ということを意識しているということは言えるかもしれませんね。

「役者としては、どんな役でもやろう」と思っている

三觜《みつはし》　今、お話をお伺《うかが》いしていて、観察力や洞察力《どうさつりょく》、全体を見回す力というものを、すごく感じます。

あるいは、「人の心を、きちんと正しく見る」というところに関して、長《た》けていらっしゃるんだなと、とても感じるんですけれども。

そういったものを生かして、今後、芸能界での次のステップとして、何か考えておられることなどは、あるのでしょうか。

清水富美加守護霊　うーん……。今のところ、何て言うのかなあ、「東南アジアの八百屋《やおや》さん」みたいな感じで、縁台《えんだい》にござを敷《し》いて、果物《くだもの》をいっぱい並べて、「好きなもん買ってけ！」っていうような状態にちょっと近いは近いので。「○○の専門店」っていう感じで、高いブランドで売るところまでは、自分としては行《い》ってな

いんですけれども。

まあ、次第《しだい》しだいに一定の評価が出てくるだろうから、どういうドラマで、どういう演技をしたら評価が高くなるのか、あるいは、低くなるのか。このへんを見定《みさだ》めたい。

だから、私自身はですねえ、「役者としては、善にも悪にも染まらないで、どんな役でもやろう」とは思っているので、一方に偏《かたよ》る気持ちはありません。

例えば、今、「忠臣蔵《ちゅうしんぐら》の恋《こい》〜四十八人目の忠臣〜」(二〇一六年九月から放送されているNHKのドラマ)とかいって、武井咲《たけいえみ》さんが、(実際に)斬《き》り込《こ》んだ人とは違う女性の志士みたいな役で、いい感じで、フィクションでやっていますけど。

私でしたら、当然ながら、変装して袴《はかま》を穿《は》いて入るほうになりますので。ピンクの袴でも穿いて、四十八人目として討《う》ち入りをやるでしょうから(笑)。私なら、たぶん、そうなるから。

このへんは、まあ、「創作の可能性を広げるという意味での存在感」は、自分にはあるのかなあと思ってるんですよね。

だから、どんな役でもやりますよ。「宇宙人の役をやれ」と言われてもやるし、宗教なら、ぜひ呼んでくださいよ。私に、「歴代『貞子《さだこ》』と比べて、どっちが怖《こわ》いかやってみてくれ」「歴代の貞子を超《こ》えてくれ」とか、そういう注文をつけてくれたら、ほんとねえ、発狂《はっきょう》するほどうれしい。

竹内久顕　うーん。

清水富美加守護霊　貞子役をした人で、けっこう有名な女優になった方がいらっしゃるでしょ？

「歴代の貞子よりももっと怖い、『最恐《さいきょう》・最悪の貞子』みたいなのをやれ」って、もし注文つけられたら頑張《がんば》りますよ。ええ。

「薄《うす》ら笑いを浮《う》かべる貞子」っていうのは、けっこう怖いと思う（会場笑）。ジョークを含《ふく》んでるような貞子っていうのは怖いですよ。バットマンで言うと、ジョーカーっていう、いつも笑ってるのがいたじゃないですか。ああいう悪役ほど怖いものはないでしょう。

「笑いを浮かべた貞子」なんて、まだ出現していないと思うので。

竹内久顕　そうですね（笑）。

清水富美加守護霊　「笑いを浮かべた不気味《ぶきみ》な貞子をやれ」と言われたら、やりますよ。そらあ、やりますよ。ええ。それはね、注文をつけてくれれば、どこまでも努力はします。

「宇宙人をやれ」って言うんなら、やりますよ。「宇宙人ぐらい、何のもんだ」っていう。やりますよ。「レプタリアンのエイリアンが、変な格好で、シャーシャーシャーシャーと走っていく役」でも、もし「やれ」と言うのなら頑張りますよ。それは、「どこまで表現できるか」っていうふうな、「創造空間の問題」ですから。

私にできない役があるなら、どうかやらせていただきたいなあと、ほんと思いますねえ。

6　大人の女性として成長していくこと

「本当はシャイだから、実体は見せたくない」

竹内久顕　清水さんはいろいろな個性を出していて、ある意味で、実体を捉《とら》えにくいタイプの方なのかなという感じもするんですけれども（笑）。

清水富美加守護霊　実は、そうなんですよ。本当はね、シャイなんです。ほんとはシャイだから、実体は見せたくないんですよ。見られると恥《は》ずかしいんですよ。

竹内久顕　そうですか。

清水富美加守護霊　だって、魚屋でね、イカが跳《は》ねないで長く伸《の》びてる姿とかを見ると、なんか、恥ずかしいじゃないですか。

竹内久顕　（笑）

清水富美加守護霊　あれって、すごく恥ずかしいと思うんですよ。

ピクピクしてるうちは恥ずかしくないです。でも、もう動かなくなって、ピタッと伸びてる姿は、やっぱり恥ずかしいですねえ。「脚《あし》の長さはこれだけ」とか、「胴《どう》体《たい》はこれだけ」とか、「幅《はば》はこれだけ」とか、寸法《すんぽう》を測《はか》られてる姿は、ちょっと恥ずかしいなあっていう気がするから。

「ピチピチ跳ねて測定させない」っていうの？　これが〝私流《わたしりゅう》〟。

今は「大人の女性」に変身していく過程

竹内久顕　では、「表現する手前の部分」を少しお伺《うかが》いしたいと思います。

清水富美加守護霊　「表現の手前」？

竹内久顕　ええ。清水さんは、何らか、「霊的《れいてき》なもの」、「神秘的な力」を宿らせて、いろいろな表現をされていると思うんです。

特に、私が気になるのは、まあ、個人的には、「仮面ライダー」のときと「まれ」のときとでは、演技が変わったなと感じていました。

清水富美加守護霊　うん、うん。

竹内久顕　「まれ」あたりからは、どういう霊的な指導を受けていたんですか。あるいは、ご自身の悟《さと》りが変わってきたのでしょうか。このあたりについて伺いたいんですけれども。

清水富美加守護霊　年齢《ねんれい》的には、ほんとに、ちょうど女性として大人になっていく過程なのでね。

高校時代あたりはまだ、両親との葛藤《かっとう》というか、特に、父親との葛藤とかもけっこうあったので、難しかったんですけど、「それを超《こ》えて、大人の女性になって自立していく」っていう。自分自身も、そういう過程にあったし、ドラマにも、そういうところも一部、あったので。

何と言うか、「期せずして、女性の〝変身〟していくシーンが重なったようなところもあるのかなあ」と。

職業とか、恋愛《れんあい》とか、その相手とか、あるいは、女同士での、まあ、〝恋《こい》のシーソーゲーム〟もありますよね。こういうものを通して、〝イニシエーション〟を受けて、みんな、大人になっていくと思うんですよ。その過程で、ライバルとの葛藤もあれば、親との葛藤も当然、起きてきますよね、いろいろと。

例えば、親の考えや趣味《しゅみ》と、自分の思うものと違《ちが》うものがあったりするじゃないですか。

そして、少しずつ、こちらが成長していく分だけ、言い分が通ってはきますよね。また、親のほうも、少しずつ、「半分諦《あきら》め」、「半分寛容《かんよう》」になって、受け入れてくるみたいなのがあるじゃないですか。

この綱《つな》引《ひ》きみたいな、押《お》したり引いたりする感じが、ちょうど二十歳《はたち》前後の成長期にあるんで、演技をしながらでも、自分自身の変化は、影響《えいきょう》が出るんじゃないかなあと思う。

要するに、私自身が、「女性としての生き方」みたいなのを求めてた部分はあるので。やっぱり、「何とか、事務所の寮《りょう》から出て、独《ひと》り立ちしたい」っていう気持ちはありますからねえ。

親でなくても、管理されてる身から、何とか、ちゃんと売れる女優になって独り立ちして、一人で住めて、責任を持って自分の生活を成り立たせていけるっていう立場になりたいし。

もちろん、事務所との関係だって、「割り当てられるものは何でも」というのから、だんだん、自分がよりよく見えるというか、「より素晴《すば》らしい演技ができるものを選び取っていくような感じになっていきたい」っていう。

親との葛藤、事務所との葛藤、あるいは、同僚《どうりょう》たちですかね。女優をやってる人たちとの葛藤も経《へ》ながら、「このなかから成長していこう」という気持ちかなあ。

ちょうど、そういう渦中《かちゅう》にあったのかなあと思います。

まあ、土屋太鳳《つちやたお》さんも、そのあと、上昇《じょうしょう》気流に乗って、ずーっと上がっていってるし、今もすごく上がっていって、若手ではトップが見えてくるところまで来ていらっしゃるとは思うんですが、売れないようなドラマとか、映画とかにも出てましたからね。私なんかも一緒《いっしょ》に。そこから抜《ぬ》け出していっているので。別にライバル視しているつもりじゃないけれども、「自分も抜け出していきたいなあ」っていう感じは、すごく思っています。

7 「アブノーマル」と「創造性」について語る

明治維新《いしん》は、アブノーマルな人たちが「回天《かいてん》の偉業《いぎょう》」を達成した？

竹内久顕　先ほど、急に、坂本龍馬《さかもとりょうま》さんの話が出てきたんですけれども、なぜ、急に……。

「龍馬さんのお側《そば》で支えたい」というような雰囲気《ふんいき》の言葉もあったんですが。

清水富美加守護霊　だって、「変態仮面」を百五十年昔に戻《もど》したら、坂本龍馬みたいになるじゃないですか。

竹内久顕　そうですかねえ？（苦笑）

清水富美加守護霊　うん。正義のヒーローなんだけど、「普通《ふつう》でない」でしょ。

竹内久顕　ああ、「普通ではない」ですね。

清水富美加守護霊　普通じゃないでしょう、「考え方」とか「行動」とかが。

竹内久顕　今日、富美加さんの守護霊様のお話を聞いていますと、ある意味、〝龍馬さんっぽい〟なあという（笑）。

清水富美加守護霊　まあ、そうですね。憧《あこが》れますねえ。

竹内久顕　龍馬さんも、必ずちょっと〝味付け〟をされると思うんですけれども。

清水富美加守護霊　だから、「変態仮面」って、坂本龍馬なんですよ（会場笑）。

竹内久顕　そうなんですか（苦笑）。

清水富美加守護霊　そうなんですよ。そうなんです。あの時代は、そうなんですよ、どう見ても。「土佐《とさ》を脱藩《だっぱん》する」っていうの？　うーん、まあ、「脱藩ガールズ」っていうのがあったと思いますけど。

竹内久顕　ありましたね。

清水富美加守護霊　「脱藩ガールズ」と「〝脱パンティ〟ガールズ」、まあ、似たようなもんですよね？

竹内久顕　（苦笑）

清水富美加守護霊　そういう、何て言うか、ちょっと普通でない部分がありますよね。

だから、アブノーマルなんだと思う、ほんとは。あの当時のアブノーマルな人たちが維新《いしん》の志士たちで、アブノーマル・クライシスなんだと思うんですよ。アブノーマルの人たちが出て（笑）、国家がクライシスに陥《おちい》ったのが、明治のころだと思うんですよね。あのころ、奇人《きじん》・変人がたくさん出てきて、回天《かいてん》の偉業《いぎょう》を成《な》したんじゃないかと思うんです。

トランプ大統領も〝変態仮面〟？

清水富美加守護霊　いや、「アブノーマルであるということが、正しい道から外れてる」とは、必ずしも言えないので。

守旧体制で、何て言うか、変わらないような状態で、息が詰《つ》まるような時代が続いているときに、それを〝引っ繰《く》り返す人〟っていうのは、やっぱり面白《おもしろ》いですよね。

そういう意味で、私は、まあ、「変態」という言葉を使うと、変態にしかならないけども、「アブノーマル」という考えだったらあれだと思うし。

ドナルド・トランプさんなんかだって、アブノーマル・クライシスですよね？ずばり、そうだと思うんです。

竹内久顕　はい。

清水富美加守護霊　トランプ人形《にんぎょう》なんかがいっぱい出てきて、マスクまで出てきてやってますから、まさしく、〝変態仮面〟そのものだと思うんです、トランプさんは。

〝変態仮面〟がねえ、「アメリカを大手術して、地球も手術しよう」と、たぶんしてるんだと思うんですけど。そういう、時代変革のエネルギーをあんまり抑《おさ》え続けたら、現体制が続くだけで、何にも変わらないところがあると思うんですよね。

例えば、教室ドラマっていうか、青春学級ドラマでも、〝変態の先生〟、要するに、通常の先生と全然違《ちが》うのが出てくる。「GTO」みたいなのだってねえ、全然、勉強しない先生ですよね。そういうのが、子供たちの救世主になるし、「金八《きんぱち》先生」も、ちょっと違ってたと思うけど、そういうのもあるので。

ある意味で、新しいものをつくり出していくのは、必ずアブノーマルな……、というか、まあ、ノーマルでないもののなかにあると思うんです。

アブノーマルのなかには、本当に駄目《だめ》なものもあると思うけど、新しい正義を見いだしたり、新しい時代をつくり出したりするものもあると思うんで、やっぱり、そういうものには惹《ひ》かれるところはありますねえ。

だから、「男はこう、女はこうでなきゃいけない」みたいな、最初からの決めつけのようなのは面白くない。

竹内久顕　うん、うん。

清水富美加守護霊　「竹内さんみたいな、容姿端麗《たんれい》な男性が現代に生まれてきた。実は、過去世《かこぜ》は美の女神《めがみ》でもあった。さらに、新撰組《しんせんぐみ》の剣《けん》の達人でもあった」なんて、こんなの、めちゃくちゃアブノーマルですよね？

竹内久顕　そうですね、はい（笑）。

清水富美加守護霊　このアブノーマルな人格が統合されて存在できるっていうのは、やっぱり、素晴《すば》らしいじゃないですか。何か、「芸術」を感じる。私は、すごく「創造性」を感じる。

「日本のソフト・パワーのすごさをもっと知ってもらいたい」

竹内久顕　清水富美加さんご本人が、「日本がとっても大好きで、日本を護《まも》るために大切なことを、いつか神様とかに訊《き》いてみたい」というような話をしていたと記憶しています。

「日本が大好きで、日本を護るために」という思いがあるのでしょうか。

清水富美加守護霊　やっぱり、日本を護るためには、〝くるみ餅《もち》を愛する気持ち〟とか、〝お惣菜《そうざい》とおにぎりを愛する気持ち〟とか、そういうものって、非常に大事なんでないかなあとは思うんですけどねえ。

竹内久顕　なるほど（笑）。

清水富美加守護霊　まあ、洋風のものも、少しは入ってもいいんじゃないかとは思いますけども、まずは、何て言うか、生まれ育った環境《かんきょう》のなかから自分が出来上がってきているわけだから、「日本のよさ」を、いっぱい紹介《しょうかい》したい感じがするんです。

「日本って、何の発明もなくて、西洋のまねばっかりした」って言ってるけど、私には、「そんなことないんじゃないの?」っていう気持ちがあるんですよ。

街を歩いても、いろいろなところを歩いてみると、「日本のこの部分は、西洋のほうではまねできない部分じゃないかなあ」と思うようなところがあるんですね。日本人は、器用だし、独創性のある考え方も、いっぱいありますよね。

例えば、(レストランなどで)食べ物をガラスケースに入れて陳列《ちんれつ》してたら、すぐ傷《いた》んじゃって、駄目じゃないですか。あんなのを蠟細工《ろうざいく》なんかでつくって陳列してるのを見た外人さんは、「こんな技術、どうやったらできるんだ」って、みんな言っていますよね。「スパゲティを巻き上げてるフォークが宙《ちゅう》に浮《う》いて止まってる」なんていうの? 外人さんは、「あんな芸術的なスパゲティの蠟細工みたいなのはつくれない」って、みんな言ってますよねえ。

だけど、日本人は、それを創造性だと自覚していないし、そんなものをつくってる人を尊敬もしてないでしょ?

私から見たら、「ああ、外人さんは、こんなのはつくれないんだ」と思うと、「うわあ、日本人は、こんなところにもすごい発明してるのに、気がついていないんだあ」というように思いますね。

だって、生《なま》の食べ物だったら傷んじゃうじゃん。つくったときはいいけど、一時間もしたら、かたちが崩《くず》れてきて、おいしくなさそうになるじゃないですか。それを永遠においしそうに見せるために、「本物以上においしそうに見せるもの」、そして、「決して古びないもの」をつくってみせる。

やっぱり、すごいものがありますよねえ。

そういう、いろんな創《そう》意《い》工《く》夫《ふう》をしたりしてるもののなかには、すごいものがあると思うので。

日本のマンガなんかもそうですよね。外国から見たら、すごい創造性が高くて、とてもまねできないようなところまで行《い》っているものもあります。

「ソフト・パワー」といわれてるものだと思うんだけど、そうしたもののすごさを、もっと知ってもらいたいなあと思うんです。

映画なんかを撮《と》っても、「ハリウッドの一人勝ち」「日本は百 対 一ぐらいの感じで負けてる」というように思ってる方のほうが多いと思うけど、単に「ハリウッドのまねをすればいい」っていうもんじゃなくて、日本オリジナルのもののなかに、「向こうでは絶対つくれないようなもの」を潜《ひそ》ませることはできるんじゃないかなあと思います。

そういう意味ではねえ、「仮面ライダー」だって、日本発の素晴らしい作品だし、「スパイダーマン 対 変態仮面」で、どっちが強いかっていうのは、まあ……。それだって、アメリカ人は考えつかなかったスーパーヒーローをつくり出したわけだし。

竹内久顕 (笑) はい。

清水富美加守護霊 これから、いろいろやると思いますけれども、私は、日本発でいいから、「日本人がまだ気がついていない、自分たちの創意工夫や創造性」、あるいは、「時代を先んじてるところ」みたいなのを表現できればいいなあと思ってます。

8 マルチタレント・清水富美加の過去世《かこぜ》に迫《せま》る

意外に「うだつの上がらないタイプの男性」が好き?

竹内久顕　清水さんの霊流元《れいりゅうもと》といいますか、「どういった霊的なご指導を受けているのか」が気になるんですけれども。

清水富美加守護霊　うーん。

竹内久顕　幸福の科学の霊査《れいさ》によって、日本神道《しんとう》やギリシャ、インドのほうなど、霊界《れいかい》からご指導を受けている女優さんたちがいることが分かっていますけれども、清水さんご自身は、どういった霊界のご指導を受けているのでしょうか。すごく創造性の高い……。

清水富美加守護霊　もう、「ボタンを押《お》してブロック！」「（両手で閉《と》じるドアのようなしぐさをしながら）ピイーッ！」っていう感じですね。

竹内久顕　（笑）

清水富美加守護霊　「ブロック！」「変身！」「（両手を胸の前で交差させて）防衛！」「防衛態勢」「（両手で頭、肩《かた》を触《さわ》り、胸の前で両手を交差させて）バシッ、バシッ、バシッ、バシッ」っていう。こんな感じですねえ（会場笑）。

竹内久顕　そうですか（笑）。

清水富美加守護霊　危《あぶ》ない、危ない。

竹内久顕　危ないですか（笑）。

清水富美加守護霊　〝危ない〟ところに差し掛《か》かってきましたね。

竹内久顕　そうですか。郷愁《きょうしゅう》を感じる霊界というのは、どういった方面になりますか。世界の地図で言いますと……。

清水富美加守護霊　うーん。それは……、今後の演技の可能性を縛《しば》る恐《おそ》れがある質問ではありますねえ。

竹内久顕　はい。

清水富美加守護霊　うーん……、うーん……。そうですねえ……。私は、ちょっとねえ、普通《ふつう》の人と趣味《しゅみ》が違《ちが》うんですよねえ。

男性なんかも、みんなが「いい」って言う……。まあ、役柄《やくがら》上、どんな相手とでも上手にやりますけども。男性の好みなんかでも、普通の女子たちが、「こういうのが素敵《すてき》」って言うような、みんなが「キャー」って言うタイプが好きなわけではないんですよね。意外に、うだつの上がらないタイプの男性が好きなんですよ。たとえて言えばねえ、そういう男性が意外に好きなところがあるんですけど。何だろうなあ？

だから、やっぱり、ニッチなのかなあ。ニッチ産業なのかなあ。そういう〝隙《すき》間《ま》〟が好きなのかな。

これでは王道に入れないのかなあ。恋愛《れんあい》の王道をやるには、これではちょっと難しいかなあ。

憧《あこが》れるのは「パンダ学」や「ドラえもん」

竹内久顗　霊界で仲のいいお友達には、どんな方がいますか。

清水富美加守護霊　うん、まあ、〝攻《せ》めて〟きますねえ……。

竹内久顗　（笑）

清水富美加守護霊　困ったな。〝攻めて〟きますねえ……。

竹内久顗　普段、守護霊様が、日本の創造性や芸能界についてよくお話しされている方には、どんな方がいらっしゃるのでしょうか。

清水富美加守護霊　やっぱりねえ、最近、いちばん憧《あこが》れるのは、「パンダ学」とか「ドラえもん」とか、もう、ああいう感じの素晴らしい……、何と言うかなあ、うーん。ゆるキャラもいいし、しかし、困った人を助けるために何でも出てくるような……。ドラえもんって、救世主じゃないですか、ある意味でねえ。

竹内久顕　はい。そうですね。

清水富美加守護霊　困った人を、あらゆる手段で助けるでしょ。必ず答えを出してくるでしょう。

幸福の科学総裁補佐の知られざる
素顔と魅力を引き出すＱＡ集。
『「パンダ学」入門』
（大川紫央著／幸福の科学出版刊）

竹内久顕　はい。

清水富美加守護霊　素晴らしいじゃないですかねえ。「ドラえもん」だって、日本発の発明じゃないですか、あれ。

竹内久顕　ええ。

清水富美加守護霊　最近、外国映画でも、「ハリー・ポッター」の続きの、魔法《まほう》使いの何かがありましたけど。「ファンタスティック・ビースト（と魔法使いの旅）」だったっけ？　なんか、ああいうのもありました。あれ（の主人公）はハリー・ポッターではない人ですけど、魔法動物をいっぱい出すのがあった。

あれなんかも、はっきり言えば、ドラえもんのパクリですよね。

あの魔法の世界は、「ハリー・ポッター」のほうがオリジナルのように見えたかもしれないけど、でも、ドラえもんのほうに戻《もど》ってきて見ると、スーツケースのなかから何でも出てきたり、魔法動物が出てきたり、そこを通って別の世界に逃《に》げられるという、あれはドラえもんの「どこでもドア」とか、そういうものの変形だし、ドラえもんの「(四次元)ポケット」の変形なんで。ドラえもんのほうが、やっぱり、先んじていますよねえ。

だから、そういうのが日本のすごさだと思うので、自分としては、「ドラえもんみたいになりたいなあ」という気持ちもあるし、パンダさんみたいに、何と言うか、カンフーもできれば、ゆるキャラもできて、人を和《なご》ませることもできるし、大勢の人に見てもらって人気が取れるようにもなりたいなあという。

鎌倉《かまくら》時代の転生《てんしょう》で、北条政子《ほうじょうまさこ》との間に起きた「ある出来事」

竹内久顗　霊界では、坂本龍馬《さかもとりょうま》さんとお友達なのですか。

清水富美加守護霊　いや、それを言うと、不敬罪《ふけいざい》になるかもしれないから……。

竹内久顕　いえいえ。大丈夫《だいじょうぶ》だと思うんですけれども。

清水富美加守護霊　いやあ……。難しいんですけどねえ。うーん、まあ、どっかの転生《てんしょう》では奥《おく》さんにしてもらいたいなあと思っています。

竹内久顕　してもらいたい？

清水富美加守護霊　うん。ああっ、いや、奥さん……、いや、旦那《だんな》……、いや、奥さん……、ああ？　旦那……、どっちがいいのかな。分からないけど。

竹内久顕　（笑）

清水富美加守護霊　ま、どっちでもいいんですけども、うん。

竹内久顕　では、清水さんの過去世《かこぜ》についてお訊《き》きしますが、今、おっしゃった坂本龍馬様の魂《たましい》のごきょうだいと、いつかの時代にご縁《えん》があったということですか。

清水富美加守護霊　うーん。まあ、そういうことになりますかねえ。

竹内久顕　いつの時代でしょうか。

清水富美加守護霊　うーん……。うーん……。北川景子《きたがわけいこ》さんとのご縁は、何か述べておられましたよねえ。

竹内久顕　そうですね。

清水富美加守護霊　「北条政子《ほうじょうまさこ》さんの妹（阿波局《あわのつぼね》）」が北川景子さん（の過去世）だったとか言ってねえ（『女優・北川景子　人気の秘密』〔幸福の科学出版刊〕参照）。源実朝《みなもとのさねとも》をお育てになった方だとかいうのが出て、あちらのほうが先に〝召喚《しょうかん》〟されたけど。

あのねえ、北条政子に家を丸焼きにされた方だっているんですよ、なかには。

竹内久顕　ああ……、あちらの方ですか。頼朝《よりとも》と、いろいろあった方ですね。

清水富美加守護霊　ええ。頼朝公っていったら、今も頑張《がんば》ってらっしゃるとのことではありますけど、頼朝公から見初《みそ》められるようなことだって、世の中にはあるわけですよねえ。

竹内久顕　なるほど。

清水富美加守護霊　「天下一の男だ」と、「これは出世するかも分からん」と思って、そういう気持ちを持つことは悪いことじゃないじゃないですか。ねえ？　だから、そういう方を天下取りができるようにお支えしたいなあと思う気持ちは、悪いことじゃないじゃないですか。

竹内久顕　はい。

清水富美加守護霊　しかし、あるとき、突如《とつじょ》、攻めてきてですねえ、家を丸焼きにしてしまうような「豪傑《ごうけつ》な女性」が出てきたら、やっぱり、そっちにも憧れちゃうじゃないですか。

竹内久顕　「憧れ」なんですね（笑）。

清水富美加守護霊　だから、いやあ、もう、変態仮面そのもので、「うわあ、女の豪傑が出てきて、これ、私よりすごいなあ」と思ったら、やっぱり、北条政子様にも憧れを……、ちょっと、これ、ＳＭかしら？

竹内久顕　（笑）

清水富美加守護霊　家は焼かれても、心は焼かれてませんので。家は焼かれてもですねえ、「うわあ、女でここまでやるって、すごいなあ」って。やっぱり、そこまで強い愛を捧《ささ》げられるっていうのは、旦那を……。

あのねえ、〝武士の世で〟ですよ。あの〝強い強い武士の世で〟ですよ。「一夫一婦制」を実現した女性なんていうのは、これねえ、もう「近代の始まり」なんです、このあたりが、たぶん。

竹内久顕　なるほど。

清水富美加守護霊　ねえ？　だから、妾《めかけ》（の家）を焼き討《う》ちにすることから近代は始まったんですよね。

竹内久顕　はい（苦笑）。

清水富美加守護霊　近代を開いた、独創的な女性っていうのには、やっぱり、すごく憧れるものはありますねえ。

竹内久顕　なるほど。

清水富美加守護霊　だから、私ねえ、結局、「夫」にも「妻」にも両方惹《ひ》かれました。

「坂本龍馬《さかもとりょうま》も好きだけど、近藤勇《こんどういさみ》も好き」

竹内久顕　今、お話しいただいた過去世は、坂本龍馬《さかもとりょうま》の魂のきょうだいとご縁があるもののうちの一つであり、おそらく、それだけではないのではないかと……。

清水富美加守護霊　もちろん、そうでしょう。もちろん。

竹内久顕　それは、おそらく、きっかけにしかすぎないのではないかと思うのです。

清水富美加守護霊　もちろん、そう。もちろん、そうでしょう。

竹内久顕　もっと深い何かがあるのかなという感じは受けるのですけれども。

清水富美加守護霊　うーん、そう、もちろん、もちろん、そうでしょうねえ。

竹内久顕　今、何かお隠《かく》しになったのかなと……（笑）。

清水富美加守護霊　まあ、ええ。だから、明治維新《いしん》のことも、ちょっといろいろ、チラチラ言ってましたよねえ。

竹内久顕　ええ。言っていますよね。

清水富美加守護霊　だから、明治維新で、私がどんなところで出てるかなあっていうようなところ……。

竹内久顕　どの地域にいらっしゃいましたか。

清水富美加守護霊　エへへへへ。

竹内久顕　（笑）

清水富美加守護霊　それを訊きますか。

竹内久顕　江戸《えど》、京都、土佐《とさ》、どちらでしょう。

清水富美加守護霊　うーん……。

竹内久顕　ちなみに、明治維新のときの性別は、男女のどちらですか。

清水富美加守護霊　うーん、それも訊きますか。

竹内久顕　はい。

清水富美加守護霊　うーん……。私ねえ、ちょっとねえ、もう……、やっぱり、「変態」といって判子《はんこ》をつかれたら、どうしようかなあ。それは気をつけないと、将来にかかわるから。

竹内久顕　（笑）

清水富美加守護霊　うん、まあ……。私はねえ、だから、坂本龍馬も好きだけど、坂本龍馬をぶった斬《ぎ》りたい近藤勇《こんどういさみ》も好きなんですよ。

竹内久顕　どういうことですか（笑）。

清水富美加守護霊　そういう性格なんで。

竹内久顕　うん？　京都にいたということですね？

清水富美加守護霊　うーん、坂本龍馬も好きなんだけども、龍馬をぶった斬りたいと追い回してる近藤勇も好きだし、結核《けっかく》を病《や》みながら、舞《ま》うように斬っていくようなな、沖田総司《おきたそうじ》みたいな方もいいなあと思うから、やっぱり、ヒーローが好きなのかなあ。基本的にヒーローが好きなんですかねえ。

竹内久顕　それで、性別は男女のどちらですか。

清水富美加守護霊　いやっ、今回は女性にしといてください。

竹内久顕　女性ですか。

清水富美加守護霊　うん、やっぱり、そのほうがよろしいと思います。

竹内久顕　うーん。「今回は」というのはどういう意味ですか（笑）。

清水富美加守護霊　いやいやいや、そう、いやあ、いやあ、その、なるべく女性のほうがいいと思いますので。女優ですので。

竹内久顕　そうですか。では、当時は、刀を持っていらしたという認識でいいのでしょうか。

清水富美加守護霊　えっ。

竹内久顕　明治維新のときのことです。それとも、京都にいた旅館の女将《おかみ》であるとか……。

清水富美加守護霊　「女性」と言ったのに、どうして、そういう言い方するの?

竹内久顕　あ、いいえ（笑）（会場笑）。なかなか女性はそういう反応をしないので、刀をお持ちなのかなと思ったんですけれども……。

清水富美加守護霊　だって、「男性が好きだ」って言ってるんだから、女性に決まってるじゃないですか。

竹内久顕　ああ、そうですか。

清水富美加守護霊　うーん。「男らしい男が好き」っていう……。

明治維新《いしん》期は「各藩《はん》を差別しない立場にいた」

竹内久顕　当時には、寺田屋《てらだや》のお登勢《とせ》さんや、龍馬と結婚《けっこん》されていたお龍《りょう》さんなどがいらっしゃいますけれども、こういった方とは、どういう関係性があったのですか。

清水富美加守護霊　うーん、〝際《きわ》どい〟ところを攻めてきますねえ。うーん……。まあ、私はですねえ、職業柄、やっぱり、「いろんな各藩《はん》を差別しない立場にいた」というふうに考えていただいていいと思います。

竹内久顗　長州藩《ちょうしゅう》の方などとは縁が深いですか。

清水富美加守護霊　いやあ。うん、特に差別はしない。

竹内久顗　差別はしない？

清水富美加守護霊　うん。特に差別はしない。

竹内久顕　ええ……？（苦笑）

清水富美加守護霊　だから、新撰組《しんせんぐみ》のほうにも、幕府を倒《たお》そうとしてるほうにも、やっぱり、ちゃんと〝料金《りょうきん》〟を頂く立場にいたということですねえ。

竹内久顕　ああ……。「ある地域の旅館のほうで、いろいろされていた」という認識でいいのでしょうか。

清水富美加守護霊　うーん、まあ、今はその程度にしないと、ちょっと……。

竹内久顕　そうですか。分かりました。

清水富美加守護霊　〝割り出される〟と、ちょっと問題が出ることがあるので。

竹内久顕　問題が出るのですか。そんな問題がある感じはしないのですけれども（笑）。

清水富美加守護霊　そうですかねえ。出るかもしれませんよ、意外に。

竹内久顕　ああ、そうですか。

清水富美加守護霊　うん。意外に。三国志《さんごくし》の時代には「諸葛孔明《しょかつこうめい》の同僚《どうりょう》」として転生《てんしょう》した

竹内久顕　では、少し時代を飛びまして、三国志《さんごくし》の時代とかはどうですか。

清水富美加守護霊　三国志の時代になってくると、私の歴史知識ではそんなによくは分からないんですけども。

竹内久顕　それほどご縁はないのですか。

清水富美加守護霊　けども、うーん……。でも、ちょっと、「兵法《へいほう》」のようなものを習った記憶《きおく》はあるような気がする。

竹内久顕　兵法を習った？

清水富美加守護霊　うん。

竹内久顕　どなたから習いましたか。

清水富美加守護霊　「兵法」みたいなのを習った記憶はあるんですよねえ。どこで習ったんだろう。なんか、「兵法」みたいなのを習った記憶はあります。兵法の講義を受けた記憶は……。

竹内久顕　講義を受けた？

清水富美加守護霊　講義。うん、講義を受けてた記憶はあるので。たぶん、うーん……、諸葛孔明《しょかつこうめい》さんの酒飲み仲間みたいなのじゃないかなあと。

竹内久顕　諸葛孔明から兵法の講義を受けたとかですか。

清水富美加守護霊　いやあ、一緒《いっしょ》の、「同僚《どうりょう》」ですけど。

竹内久顕　同僚ですか。

清水富美加守護霊　うん。一緒に勉強してた仲間だと思う。

竹内久顕　おお……。あの荊州《けいしゅう》の地で？

清水富美加守護霊　そうです。

竹内久顕　お名前は遺《のこ》っている方ですか。

清水富美加守護霊　うーん、まあ、あると言えばあるかもしれませんが、ないと言えばない。あると言えばある。まあ、あると言えばあるが、清水富美加の、この歴史力でそれが分かっては嘘《うそ》になるから、分からないほうがいいと思う。

竹内久顕　主君は、劉備玄徳《りゅうびげんとく》様ということで、よろしいでしょうか。

清水富美加守護霊　……何とも言えません。

竹内久顕　そうですか（笑）。龐統《ほうとう》とかは違いますよね？

清水富美加守護霊　そんな賢《かしこ》い人なわけないでしょ。

竹内久顕　いえ（笑）。実は、頭のいい方……。

清水富美加守護霊　ちょっと、もう、冗談《じょうだん》が過ぎますよ。

竹内久顕　そうですか。

過去世《かこぜ》で兵法《へいほう》を学んだ経験が、今の仕事にも生きている

竹内久顕　では、諸葛孔明の同僚で……。

清水富美加守護霊　うん、だから、みんなで集まって、酒を飲みながら勉強会をしてたんです。勉強会をしてたんで、ええ。

まあ、でも、兵法《へいほう》の勉強をした覚えがあるから、そういうのが演技に少し生きてるのかなあ。

竹内久顕　うーん。

清水富美加守護霊　兵法といっても、諸葛亮孔明《しょかつりょうこうめい》さんも、ほとんど弁舌《べんぜつ》で、口一つで天下を動かすっていうの？　これは、だから、今で言うと、雄弁術《ゆうべんじゅつ》も入ってた。軍事的な、戦いの兵法だけでなくて、「雄弁術で相手を説得する」っていう「外交家」だよね。戦争をする前に、外交官として、口で相手を説得するっていう、この術に長《た》けておられた方ですから。

私たちも、酒を飲みながら、一生懸命《いっしょうけんめい》、相手を説得する「ディベートの練習」をそうとうやってたので、こういうのが、今、何て言うのかなあ。まだ、それほど出てないけども、演技したり、トーク番組なんかに出て、いろいろ話をしたりするのに……。私から見れば、（共演者は）もうずーっと年上の方々ですから。

何十歳《さい》も年上の、知識も経験も豊富な方に、バカを晒《さら》さないで時間をもたせるのに、いちおうこの「弁舌の才」「返し力」が必要なので、実は、雄弁術みたいなのと、兵法みたいなのと、相手に「イエス」と言わせる論争術みたいなのをずいぶん勉強したので。

うーん……、マンガで言えば、孔明が出る前の何かに、劉備玄徳がちょっと勘違《かんちが》いしたような……。

竹内久顕　●徐庶《じょしょ》……。

清水富美加守護霊　うん、まあ、〝それに近いあたり〟ですかねえ。

竹内久顕　ああ……！

清水富美加守護霊　そのあたりですかね。まあ、そんなことを私が知ってるはずがないので、知らないことにしてください。

竹内久顕　分かりました（笑）。では、「頭のいい方」なんですね。

●徐庶（生没年不詳）　中国、後漢末の武将・政治家。荊州《けいしゅう》に駐屯していた劉備に仕え、親友である諸葛亮を推薦した。その際、自ら諸葛亮を訪ねるように勧め、これにより、劉備は三顧の礼をもって諸葛亮を迎え入れることとなる。後《のち》に、母親が魏《ぎ》の捕虜になったことで曹操に仕え、右中郎将《うちゅうろうしょう》・御史中丞《ぎょしちゅうじょう》となった。

清水富美加守護霊　ただ、あれでしょ、おたくの次の……。

竹内久顕　劇団でしょうか。

清水富美加守護霊　三国志の劇？（注。ニュースター・プロダクション社長・大川宏洋《ひろし》が座長を務める「劇団新星」の旗揚《はたあ》げ公演「俺《おれ》と劉備様と関羽《かんう》兄貴と」が、二〇一七年三月二十五日～四月二日の期間で上演予定）

竹内久顕　はい。

清水富美加守護霊　出てこないでしょう？

竹内久顕　そうですね（笑）。はい。

清水富美加守護霊　そんな人はね。末端《まったん》、末端、〝末端俳優〟なんですよ。

竹内久顕　いえ（笑）、そんなことはないんですけれども。

清水富美加守護霊　出るところがないので、末端俳優なので。だけど、何かそういうねえ、「雄弁術」と「軍略」みたいなのは、ちょっと勉強したことがある。

だから、先ほど、総裁先生が「頭がいいんじゃないか」とほめてくださって、まあ、誇大《こだい》なお世辞《せじ》というふうには思っておりますけれども、ただ、そういう意味では、学校の勉強ではないけれども、優秀《ゆうしゅう》な方々といろいろと言論を交《か》わして勉強をしたことはあったので、そういうのが、例えば、明治維新のときとかでも、裏方でいろいろと動いたりする仕事で役に立ったこともあったということが言えますかね。

「性別」を問われると煙《けむ》に巻こうとする清水富美加の守護霊

竹内久顕　明治維新ですか……。では、明治維新のときも男として生まれていますよね？

清水富美加守護霊　いやいやいやいや！

竹内久顕　どう考えても……（笑）。

清水富美加守護霊　もう、それ……、女優、女優、女優・清水富美加なんですよ。

竹内久顕　はい。

清水富美加守護霊　女優なんですよ。女優・清水富美加なんですよね。（竹内由羽を指し）奥様はあくまでも女性でしょ？　奥様はあくまでも女性でしょ？

竹内久顕　はい。

清水富美加守護霊　ね？　男性であってはいけないんですよ。子供が生まれるわけですからね。

竹内久顕　では、清水さんの守護霊様が、名前を明かしてもいいと思われる過去世《かこぜ》がありましたら、もう少し……。

清水富美加守護霊　もう、そんなに有名な人が出るわけないじゃないですか。

竹内久顕　（笑）

清水富美加守護霊　もう、武井咲《たけいえみ》さんみたいにオードリー・ヘップバーンが出てくるんだったら、私だってすぐ言いますよ（注。以前の霊査により、武井咲の過去世の一つは、オードリー・ヘップバーンであると推定されている。『時間よ、止まれ。――女優・武井咲とその時代――』〔幸福の科学出版刊〕参照）。

竹内久顕　（笑）

清水富美加守護霊　言ってもいいけど、まあ、そんなものは出てこないですからねえ。

竹内久顕　冒頭《ぼうとう》からお話をお聞きしていますと、男性霊なのかなという感じがしなくもないのですけれども（笑）。

清水富美加守護霊　フェッ!?（笑）それは……、それは、何か変態趣味を持っておられるんじゃないですか。

竹内久顕　いえ、いえいえ（笑）。男性という感じがしなくもないのですけれども……。

清水富美加守護霊　そんなことないですよ。スカートを穿《は》けば女性ですから。

竹内久顕　ああ、そうですか。

清水富美加守護霊　ええ。そんなことはない。

幸福の科学の映画に出るなら、どんな役を演じるか

清水富美加守護霊　この人（竹内久顕）は〝危険〟なので……。

竹内久顕　（笑）（会場笑）

清水富美加守護霊　ちょっと、話をそっち（三觜）に〝引っ張って〟もらえませんか。ちょっと危険なので……。

三觜　では、少し話は変わりますけれども、そういったバックボーンを持たれている清水さんが、今、幸福の科学が発信している芸能や映画を観《み》られて、何か思われることなどはありますか。

清水富美加守護霊　いや、そんなに詳《くわ》しくは知らないんですけど、映画は昔からやっておられますねえ。アニメとか、実写もときどきやっておられますが、私が登場できるようなところがあんまりない……（笑）。今のところないんですが。

まあ、アニメは声優ぐらいしかないからしかたがないとして、実写のほうは何作なんですかねえ。「ノストラダムス戦慄《せんりつ》の啓示《けいじ》」（一九九四年公開）、それから「ファイナル・ジャッジメント」（二〇一二年公開）、それから「天使に〝アイム・ファイン〟」（二〇一六年公開）？

うーん。まあ、古いやつはちょっと分からないので、「天使に〝アイム・ファイン〟」で見たら、「私が出られる場所は、いったいどこにあるんだろうか？」って想像すると、やっぱり、芦川《あしかわ》よしみさんのところに、もうちょっとずっこけた患者《かんじゃ》役で出るなら、できるかもしれませんねえ。あんなシリアスでない、もうちょっとイカれてる患者あたり。若いけど、「なんで私が死ななきゃいけないのよ」って言って、ちょっと暴《あば》れてるようなところに、癒《い》やしを受けて、まともになるような感じの患者役だったら、できた可能性はあるかもしれない。

まあ、ああいうベテラン風の味は出せませんけど、そんなのはできたかな。

「天使」（役）には雇《やと》ってもらえないかもしれないけど、その他大勢の、救いを祈《いの》ってるだけの数のうちだったら、もしかしたら入れてくれるかもしれませんねえ。

あとは、オーディションに出て落ちる役とかだったら、可能性はありますね。

あと、いじめっ子の……、何だっけ？　あの、いじめられっ子の……。

竹内久顕　合香美希《あいかみき》。

清水富美加守護霊　合香美希ちゃん？　合香美希ちゃんをいじめる先生役とかだったら、できるかもしれませんけどねえ。
うーん、まあ、どこだったら私が出られるかなあと考えてみて、まだ少し、〝ハマり役〟までは行っていないのかなあとは思いましたけどねえ。

「私は化学変化を起こすタイプの女優」

清水富美加守護霊　次の映画（「君のまなざし」〔製作総指揮・大川隆法。二〇一七年五月より全国公開〕）も楽しみにしてるんですけど、でも、けっこうシリアスそうな映画なので、私が出れるか。

まあ、私の出てる今年の作品と比べて、どんなふうに違いがあるのか、今、ちょっと距離《きょり》を見定《みさだ》めているところ……。

あっ、（体を竹内から三觜のほうに向き直して）〝こっちに〟話《はなし》しないと、危ない危ない（会場笑）。

竹内久顕　（笑）

清水富美加守護霊　まあ、距離を見定めているところなんですけどねえ。私ね、わりに万能薬《ばんのうやく》みたいな存在なんで。入れとくと、何となく化学変化が起きるタイプの女優なんです。多少、〝放《はな》し飼《が》い〟にしてくださるようなところがあると、ありがたいなあと思うんですけど。

いやあ、意外に、私の〝魔法使い〟なんてのもいいんじゃないですか?（腕《うで》を振《ふ》りながら）ヒョイッとこう、ヒューンとこう、いろいろなもの、世界がパッと変わるみたいな。

9　清水富美加が芸能界で存在感を示す理由《わけ》

脚本《きゃくほん》で面白《おもしろ》いストーリーが書けるようになるためには

三觜　先ほど少しお話がありましたが、いわゆるヒロインというか、女性らしい役《やく》柄《がら》には、今後、挑戦《ちょうせん》したりすることは考えていらっしゃいますか。

清水富美加守護霊　いや、それねえ、ほんとね、実を言うと……。まあ、「人気が出ている」とか、「注目されている」とかいう言い方もあるけれども、今年の私は、実は「剣《けん》が峰《みね》」というかね、そういうところなんですよ。もう、剣《つるぎ》の刃《やいば》の上を歩いてる感じでしてね。落ち方が悪いと、ダークサイドへ落ちる可能性があるんで。ダークサイドに落ちてしまうと、もう「正義のヒロイン」ができない可能性もある。

〝微妙《びみょう》なところ〟を今、走っているんですよ。

だから、このへんも、両親との決定的な亀裂《きれつ》が入る可能性もありますので。多少、自分自身の力が足りないので、自分でまだ選べない。まだ十分には、「これ、やりたい」と選べる立場ではないので、何とか選べる立場になるところまで行きたいんですけどねえ。

まあ、鈴木亮平《すずきりょうへい》さんみたいな人でも、あんなね、女性のパンティを被《かぶ》ってやっても、NHKの大河《たいが》ドラマの主役をなされるっていうことだから、役者っていうのは、そういう変てこな極端《きょくたん》な役をやっても、演技力を買われれば、ほかに起用されることがあるので。私のほうとしては、善悪をあんまりあらかじめ決めつけて、そのとおりにやらなきゃいけないとは思ってはいないんですけどね。

おたく（ニュースター・プロダクション）の社長は、どんな好みなんですか？

三觜　それは……。

清水富美加守護霊　いや、好みに合わせて変化しなきゃいけないから。

三觜　なるほど。

清水富美加守護霊　どういう女優さんが好みなんですか（会場笑）。

竹内久顕　（笑）

清水富美加守護霊　ほんとは、でも、たぶん正攻法《せいこうほう》の女優さんじゃないと思うんですよ。大川宏洋《ひろし》社長は、正攻法の女性が好みじゃなくて、やっぱり意外なの、パンティを被って変身するなんて大好きなんじゃないですか。

竹内久顕　そうですね（笑）。

清水富美加守護霊　ああいうのを、ゲラゲラ笑って観《み》てくださるような方なんじゃないかと思うので。それに出られるような女優でも、「面白《おもしろ》い」とか、あるいは思ってくださる方《かた》なんじゃないですかね。

だから、幸福の科学の本流とはたぶんズレてるんでしょう。本流の方は、どうせ、うちの父みたいな感じなんだろうから。

竹内久顕　いやいや、そんな（笑）。

でも、（大川宏洋社長の）発想の仕方は、清水さんともやや似ていると思います。

清水富美加守護霊　似てるでしょ？　たぶん似てるでしょ？　たぶん似てると私は思うんですよ。

脚本《きゃくほん》も担当されてるんでしょう？　だから、「清水富美加が、例えば、ヒロインで出るとしたら、どんなストーリーになるかな？」って、こう、妄想《もうそう》していただきたいですよ。そうすると、新しいストーリーが泉のように湧《わ》いてくるんじゃないかと思うんですね。

竹内久顕　ああ。

清水富美加守護霊　そういう対象がなくて書くと、やっぱり面白いものは書けないですよね。「この人を使うとしたら、どこまでやれるか」っていうのを考えると、もう、めちゃくちゃ「ファンタジーの部分」が広がるんじゃないですかねえ。もう、全部逆転させちゃったらどうですか？　ガーッと逆転させちゃって。『若き日のエル・カンターレ』（大川隆法の自伝的書籍《しょせき》。宗教法人幸福の科学刊）なんてねえ、エル・カンターレは禁欲して、女性を断るだけの話なんて、全然面白くありませんので、まったく逆にしちゃって、モテてモテてしょうがない、この〝モテモテ地獄《じごく》〟からどうやって逃《に》げるかっていうのが悟《さと》りだっていうふうな、その程度の映画にしてしまったら、実に面白い。

そして、モテることにまったく関心もなかった、お好み焼き屋でお好み焼きを引っ繰《く》り返していた女の子に最後は恋《こい》をして、それが私だったとか、こういうの、よくないですか？（会場笑）

竹内久顕　なるほど。考えます（笑）。

清水富美加守護霊　だから、やっぱりねえ、役者を想像してストーリーを書いたほうが面白いですよ。

竹内久顕　ありがとうございます。

清水富美加守護霊　あんまり正統派の美男美女だけでやったって、物語は面白くないから、変態とは言わないけど、変身するぐらいのヒーロー、ヒロインがもうちょっとあってもいいいんじゃないかな。最近、ちょっと何か工夫《くふう》を加えないと面白くないんですが。

ちょっと、「君のまなざし」を観ていないので意見が言えないんですけど、私が善悪も、あるいはギャグ女性からスーパーインテリ系の美女も、どっちにでも演じ分けるみたいな感じの、振幅《しんぷく》のあるのをやってくれると面白いですねえ。

竹内久顕　なるほど。

「ギリシャ神話のエロス」との関係性を訊《き》くのはＮＧ？

清水富美加守護霊　なんか宏洋さんって、好きな人は少ないでしょう。なんか、ねえ？

竹内久顕　はい（笑）。

清水富美加守護霊　好きな人は少なくて、嫌《きら》いな人のほうが増えていく方《かた》なんでしょ？

だから、「目が厳しい」ってことなんです。この目の厳しい方を攪乱《かくらん》するだけの技術が私にあるかどうか、今、ちょっと考えてるところなんですけどねえ。

竹内久顕　やはり、過去世《かこぜ》で宏洋さんとお仕事をしたこともあるんですか。

清水富美加守護霊　それはもう、いつもご指導いただいてますので。

竹内久顕　具体的にはどういう方からですか。

清水富美加守護霊　「どういう方か」っていうか、まあ、あの人自身が〝変態仮面の元祖〟ですから。

竹内久顕　ああ、そうですか（笑）。

清水富美加守護霊　うん、うん。そうですよ。夜、正体を明かさずに忍《しの》んでいくなんていう人の元祖ですから。

「エロスの神」への祈願《きがん》（「『エロスへの祈《いの》り』——恋愛《れんあい》・芸能系実現祈願——」）がありますよね？

竹内久顕　はい。

清水富美加守護霊　エロスっていうのは神なんだけど、人間界に降りていって、夜な夜な窓から入っていって、人間の女性と恋をする役ですよね。で、正体が分かるので、最後に、実は神様が来てたってことが分かるっていうことですが。

〝元祖・変態仮面〟はエロスなんですよ。エロスの神なんですよ。もう、ビビッときました。

竹内久顕　なるほど。エロスを知っているんですか。

清水富美加守護霊　知ってます。

竹内久顕　当時？

清水富美加守護霊　はい。

竹内久顕　どこにいらっしゃったんですか。

清水富美加守護霊　だから、ギリシャですよ。

竹内久顕　いや、あなた様はどこにいらっしゃったんですか。

清水富美加守護霊　だから、エロスっていう方との関係性を訊《き》きたいんでしょう?

竹内久顕　はい。

清水富美加守護霊　エロスっていう方が何をしたかを語らなきゃいけないのですが、

いいんですか？

竹内久顕　大丈夫《だいじょうぶ》です。

清水富美加守護霊　えっ？　だ、大丈夫じゃないんじゃないですか？

竹内久顕　最悪、編集します（笑）。

清水富美加守護霊　やっぱり、それはＮＧなんじゃないですか。「それを語ると編集されます」って、せっかくしゃべっても、全部ＮＧじゃない。

竹内久顕　（笑）

清水富美加守護霊　それじゃ、面白くない。テレビのお笑い番組だったら、そのままかかるのに、幸福の科学になったら全部NGで消えるんでしょう？　こんなの、やっぱり全然面白くないですよ。本職としては面白くないですね。

ギリシャ神話に載《の》っていない〝初情報〟とは

竹内久顕　まあ、神話ですとプシュケーという方がいますけど、それとはまた別で、当時……。

清水富美加守護霊　ええ。そんな人は、どうせ、〝クソ真面目《まじめ》〟な方でしょう。

竹内久顕　ああ、なるほど（笑）。

清水富美加守護霊　まあ、だからね、そんなタイプじゃないですよ。全然そんなんじゃないですよ。やっぱり、エロス様にこの「人間界の面白さ」を教えたほうの女性でしょうね。

竹内久顕　ああ、そうなんですか。

清水富美加守護霊　うん。もっともっと人間界で楽しみを覚えたほうがいいと。芸術のネタを教える。酒場辺《あた》りで、お酒を飲みながら、踊《おど》ったり歌ったりしながら、そういう〝吸引《きゅういん》していくタイプ〟の女性でしょうね。

竹内久顕　そうですか。

清水富美加守護霊　うん。でもね、エロス様とは、私ね、恋愛関係にあったことがあるんです。

竹内久顕　おお。

清水富美加守護霊　ええ。これは〝初情報〟でしょう？

竹内久顕　〝初情報〟です。

清水富美加守護霊　〝初情報〟でしょう？　ギリシャ神話に載《の》ってないから。

竹内久顕　載ってないですね（笑）。

清水富美加守護霊　〝初情報〟なんですよ。

でも、結婚《けっこん》はしてません。結婚してませんけどね。

まあ、間違《まちが》えてプシュケーって人と結婚をして、あと、ああいう悲劇になって、お母様から怒《おこ》られるようなことになったわけね。追い出されてしまって、〝楽園追放〟されちゃう。ね？

やっぱり、プシュケーなんかではなくて、私みたいな芸達者《げいだっしゃ》な女性を選んでおれば、ああいうことはなかったんですよ。

私だったら、すぐにでも女神《めがみ》に変身して、そういうふうにすることができた、たぶん。

竹内久顕　分かりました。

過去世《かこぜ》では「釈尊《しゃくそん》を出家《しゅっけ》させる」という使命を帯びていた？

竹内久顕　ところで、エル・カンターレとのご縁《えん》について、これまでに北川景子《きたがわけいこ》さんや武井咲《たけいえみ》さんの守護霊様などにも訊いているんですけれども（前掲《ぜんけい》『女優・北川

景子　人気の秘密』『時間よ、止まれ。――女優・武井咲とその時代――』参照）。

清水富美加守護霊　これは難しい。

竹内久顕　仏陀《ぶっだ》でありますとか、●ヘルメスでありますとか、●オフェアリスや●リエント・アール・クラウド……。

清水富美加守護霊　（ため息をつく）はあっ……。

竹内久顕　（笑）

清水富美加守護霊　（書籍『ふみかふみ』を手に取って）先生ごめんなさい。先生ごめんなさい。『ふみかふみ』なんて、こんな本でごめんなさい。これを読む人は、

●ヘルメス　約4300年前のギリシャに生まれ、「愛」と「発展」の教えを説いて西洋文明の源流をつくった英雄。地球神エル・カンターレの分身の一人。『太陽の法』（幸福の科学出版刊）等参照。

先生の本は読めないですから。写真として見るだけで、文章はたぶん読めないので、ごめんなさい。すいません。こんなバカ弟子《でし》ですいません、ほんとに。

でも、年を取ったら、もうちょっと頑張《がんば》る。「哲学《てつがく》」を目指していますから。いずれ、幸福の科学の「哲学」を演技で表現できるような、そんな立派な女優になりたいなあと思っています。

エル・カンターレ? 私が語っては、もう畏《おそ》れ多いので、さすがにそれは……、言おうかなあ? なんて(笑)。いやいや(笑)、それはもう……。

竹内久顕　そこまで振《ふ》られてしまうと(笑)。

清水富美加守護霊　それはねえ、もう「エル・カンターレの娘《むすめ》だった」ぐらい言いたいですけど、立派なお子さんがいっぱいいらっしゃるから、そんなこと言ったら追い出される。だから、言ってはいけないとは思いますけども、お近くで見たこと

●オフェアリス　六千数百年前のギリシャに生まれ、後《のち》にエジプトへ遠征し、王になった。エジプトの神話では「オシリス」と呼ばれている。「奇跡」と「神秘」の神であるとともに、「繁栄」と「芸術」の神として、ギリシャ・エジプト文明の源流となった。地球神エル・カンターレの分身の一人。

はあります。

竹内久顕　それは、エル・カンターレの、どの……。

清水富美加守護霊　いやあ、君、どうしてそこまで頭が〝細《こま》かい〟の？

竹内久顕　（笑）すみません。

清水富美加守護霊　もう、幸福の科学の人って、どうしてそんな〝厳密《げんみつ》〟なの。

竹内久顕　真実を……。

清水富美加守護霊　やっぱり、真理はベールに囲《かこ》われてるほうがいい。

●リエント・アール・クラウド　約7000年前の古代インカの王。当時、アンデス山に飛来していた悪質宇宙人から民を護った。地球神エル・カンターレの分身の一人であり、天上界において、他惑星との交流に関して責任を負っている。

竹内久顕　今日は、「清水富美加の可能性」というタイトルが出ているので、そのあたりをお伺《うかが》いしたいなと思うんですけれども。

清水富美加守護霊　ああ、そうかあ。まあ、あるとしたら、最近だったら、仏陀様のときの踊り子さんしかないっしょ。

竹内久顕　それは、お城のほうですか。

清水富美加守護霊　そうですねえ。でしょ？

竹内久顕　どういうご関係だったんですか。

清水富美加守護霊　どういうご関係……。それ、言わせるんですか？

竹内久顕　はい。

清水富美加守護霊　私はこれを創作する自由がありますから、ほんとに危険ですよ。

竹内久顕　そうですか（笑）。

清水富美加守護霊　証拠《しょうこ》を残すと、あとが大変になりますよ。全部がボツになる可能性もありますから。ねえ？

竹内久顕　では、そこで釈尊《しゃくそん》とはご縁があったという……。

清水富美加守護霊　そらあ、そうでしょう。私の踊りに飽《あ》きて出家《しゅっけ》したんでしょう?

竹内久顕　なるほど。そういうご関係ですか(笑)。

清水富美加守護霊　そういうことでしょう?　踊り子が酔《よ》い潰《つぶ》れて、よだれを垂《た》らしてるのを見て、世の無常《むじょう》を感じて、釈尊は出家したんでしょう。

竹内久顕　うーん。

清水富美加守護霊　だから、「釈尊を出家させる」という尊《とうと》い使命を帯びてた、そういう芸能人なんですよ。

竹内久顕　なるほど。
　それ以外には、どうなんでしょうか。

清水富美加守護霊　いや、もう、どこまで言わせるんですか、ほんとに。だから、あとはエロス様を誘惑《ゆうわく》したということがあるっていうのは、ギリシャの時代ではそういうことがありますよね。それ以上、昔になりますと、もう私の任を超《こ》えますので。
　まあ、今回のご縁がどの程度かによって、明かすものは明かし、明かさないものは明かさないという関係でいかないと、嘘《うそ》つきだと言われるのも困るので。芸能人は、基本的に行動自体が嘘つきに見えるので、気をつけなきゃいけない。私は真実語を語りたいというふうに思っていますね。

清水富美加は、やはり「宇宙人の魂《たましい》」だった!?

竹内久顕　ちなみに、芸能人の方には宇宙人の話も訊いていまして（笑）、清水さんはどういった星に郷愁《きょうしゅう》を感じるのかというあたりをお伺いしたいんですけれども、いかがでしょうか。

清水富美加守護霊　もう、「答え」は分かってらっしゃるんじゃないですか。

竹内久顕　ベガですよね？

清水富美加守護霊　うーん、まあ、そういうことになりますよねえ。

竹内久顕　ですよね。

●ベガ　琴座《ことざ》にある一等星。ベガ星系に住む宇宙人は、相手に合わせて外見を自由に変えることができ、性別は男性、女性、中性が存在する。高度な科学技術と「ヒーリングパワー」を持つ。『ザ・コンタクト』（幸福の科学出版刊）参照。

清水富美加守護霊　ベガっぽいですよね。どう見てもベガですよね。ベガなんですよ。

竹内久顕　ベガではどんなお仕事をされていたんですか。

清水富美加守護霊　厳しいなあ。すごいですね、ここね。

竹内久顕　（笑）

清水富美加守護霊　厳しいなあ。まあ、ベガの人だっていろいろな職業はみんなありますからねえ。ベガでは、ダンスの教師みたいなのをやってた感じがします。

竹内久顕　では、ベガ星の美に関する方面のお仕事をされていたということですか。

清水富美加守護霊　まあ、一部でしょうけどね。魂的《たましい》にはその影響《えいきょう》が強いというふうには思ってます。すごく変化対応できる魂なので。

だから、私自身も、自分がどこまで変化するのか分からないようなものを感じていますので、芸能界では、それなりに存在感があるとは思っているんですけどね。

私ね、ほんと、「クールビューティー」を一回やってみたいなあ、なんか。

竹内久顕　(笑)そうですね。

清水富美加守護霊　はい。やれるかなあ。やれないかなあ。無理かなあ。

10　今後の抱負《ほうふ》とファンに向けてのメッセージ

その本質は、「目も手もたくさんある神様」？

竹内久顕　そうしますと、清水富美加さんの「今世《こんぜ》の使命」や「芸能界での使命」はどういったあたりに……。

清水富美加守護霊　だから、今、それを求めて奮闘《ふんとう》してる。

竹内久顕　奮闘している？

清水富美加守護霊　奮闘してるところなんですよ。私に何ができるか、今、課題を……。

まあ、ある程度、知られてはきましたけど、自分の意識ではまだ一流までは行っていないので、もっともっと階段を上がらなきゃいけないなとは思っていますけども。ずばりの〝正統派美女〟路線でもないんだろうなとは思ってるから、ドラマとか映画とか、いろんな番組の役割を演じながら、何か「新しい文化の創造」に役立てられればいいなとは思っていますけどねえ。

竹内久顕　ベガ星人の話でもおっしゃっていましたけれども、いろいろな観点から見られる能力がおありじゃないですか。

清水富美加守護霊　はあ……？

竹内久顕　（笑）いや、怖《こわ》い質問ではないので。

清水富美加守護霊　ああ、はい。

竹内久顕　自分から見ている視点や相手からの視点、プロデューサーの視点、テレビを観《み》ている人の視点など、いろいろな視点から一瞬《いっしゅん》にして見ることができる、つまり、目が幾《いく》つもあるような……。

いや、〝妖怪《ようかい》〟という意味ではなくて。

清水富美加守護霊　（笑）

竹内久顕　目が幾つもあるような、霊能力《れいのうりょく》といいますか、これがすごいなと感じまして。

清水富美加守護霊　ええ。

竹内久顗　こういった能力を開発するためには、この世的にどうしていけばいいのでしょうか。

清水富美加守護霊　っていうか、これは宗教を信じてる人にしか通じない話になっちゃうから、一般《いっぱん》のファンとか、その他の人はどうぞ読み飛ばしてくださって結構かとは思うけども、役割としては、「千手観《せんじゅかん》音《のん》」の役割なんです。それを持ってることは持ってる。

竹内久顗　ああ、そうなんですね。

千手観音は仏教の菩薩の一尊で、観音菩薩の変化身の１つ。千本の手を持ち、それぞれの手に眼があるとされる。また、人々を救うための持物《じもつ》（道具）として宝剣、宝弓、数珠などを持つ。千手観音像としては奈良・唐招提寺《とうしょうだいじ》や京都・三十三間堂（上写真）、大阪・葛井寺のものが代表的。経典は『千手千眼陀羅尼』など11種ある。

清水富美加守護霊　私はそういう役割を持ってるので、だから、目はたくさんあります。実は手もたくさんあって、いろんな機能を持っている者です。だから、それを妖怪と言えば妖怪にはなるんですが。

竹内久顕　いや、そんなことはないですよ。観音様です。

清水富美加守護霊　まあ、いいほうに捉《とら》えれば千手観音で、手がたくさんある。実際に数えた人によれば、手は四十二本だとか、いろいろ言われてるから分からないですけど、役割的には、宗教的に分類すると「千手観音」になるようです、どうも。

竹内久顕　つまり、いろいろな人の苦しみを見て、一人ひとりを救っていくという役割ですか。

清水富美加守護霊　できるだけ、多くの人に届きたいなと思ってるんですけどね。

竹内久顕　分かりました。

清水富美加ファンへのメッセージ

竹内久顕　では、清水富美加さんのファンの方も多数いらっしゃいますので、最後に、ファンの方へのメッセージを頂ければと思います。

清水富美加守護霊　ええ……。拙《つたな》い私の演技を観てくださり、また、私のつまらないジョークにも笑ってくださるたくさんのファンのみなさまには、ほんとにありがたいと思っております。

私も、何らかのかたちで世の中のお役に立ちたいといつも思ってるんですが、本気でそう思って、本気でそう言っていても、なかなか信じてもらえない。「ふみカス」とか言われて生きている者なので、もうちょっと「ふみカス」を超《こ》えてですね、私がほんとに言ってることを本気にして、世の中に少しはいい影響《えいきょう》を与《あた》えられるようなところまで、「女優としてのステータス」っていうか、そういう「発言力」を持てるように、やがて……。今は今の役をしますけど、やがて三十代ぐらいになったら、そういうふうになりたいなあと思っておりますので、長い目で育ててくださればありがたいなというふうに思っています。

竹内久顗　本日は清水富美加さんの守護霊様から、さまざまな……。

清水富美加守護霊　私にクールビューティーをやらせて、一回。一回でいいから。

竹内久顗　（笑）

清水富美加守護霊　そういう役は回ってこないの、今のところ。

竹内久顕　クールビューティーですね。

清水富美加守護霊　クールビューティー。すっごく頭がいい感じの、ビューティーな感じ。ピシーッと、こう。

竹内久顕　新しい富美加さんを見られそうな気がします。

清水富美加守護霊　クールビューティーで、ときどき、ちょっと変身してもいいんですけど。違《ちが》う面が出てもいいけどねえ。

竹内久顕　ありがとうございます。

清水富美加守護霊　言ってること、分かります？

竹内久顕　はい。

清水富美加守護霊　だいたい分かります？　じゃあ、よろしくお願いします。

竹内久顕　よろしくお願いいたします。

11　清水富美加の守護霊霊言《れいげん》を終えて

大川隆法　（手を一回叩《たた》く）と、いうような方でした。やはり、言論能力は、けっこうおありのようです。

竹内久顕　そうですね。

大川隆法　でも、竹内さんの、粘着質《ねんちゃくしつ》の鋭《するど》い攻撃《こうげき》には、さすがに参っていたようです。うーん、「覚悟《かくご》を決めよ」というところですかね。

竹内久顕　（笑）はい。

大川隆法　なんか、「鞍馬天狗《くらまてんぐ》」か、あるいは、「長州藩《ちょうしゅうはん》の、筵《むしろ》を被《かぶ》って乞食《こじき》をやっていたような人」か、そんなのに親近性を感じるところがある方なのかもしれません。

ただ、「才能」としてすごく出てきているので、さらにいい方向に出るといいなと思います。

タケノコが出ても、斜《なな》めに傾《かたむ》きすぎると、伸《の》びられなくて枯《か》れてしまうので、もう少し上手に天空に向けて伸びていくように応援《おうえん》できるといいですね。

まあ、信者や会員のみなさんに、彼女が出ている番組を、全部観《み》るようにお勧《すす》めしているわけではありませんけれども。

あるいは、今年（二〇一七年）の映画二つ（「暗黒女子」「東京喰種《トーキョーグール》」）がどんなふうになるかも……。私もちょっと恐《おそ》れている題ではあって、「『暗黒女子』で、いったい、どんな演技ができるんだろうか」と思うと、やはり、怖《こわ》いことは怖いですよね（笑）。

竹内久顕　（笑）

大川隆法　ただ、たとえどんな映画でやろうとも、「本質的には、千手観音《せんじゅかんのん》的な機能を持っておられる方であった」というのが今日の発見でしょう。これは、本人の自信になると思います。

竹内久顕　はい。ありがとうございました。

あとがき

今年は、富美加さんは、女優として大ブレイクの年となるとともに、本来の天命《てんめい》に目覚める年にもなるだろう。

読者は「千手観音《せんじゅかんのん》」という名前を聞いたことがあるだろう。千の慈手《じしゅ》・慈眼《じげん》をもってあまねく衆生《しゅじょう》を済度《さいど》するという変化観音《へんげかんのん》で、「千手千眼観音《せんじゅせんげんかんのん》」とも呼ばれる、優れた救済力を持つ六観音《ろくかんのん》の一人である。といっても個人名ではなく、役職名といってよい。千本の手《て》で多くの人を救済し、千の眼《め》で、暗黒の世で苦しんでいる人たちを探し出していく、女性の菩薩《ぼさつ》である。

女優・タレント業の中には、この使命を実現していく可能性が開かれているが、同時に、闇夜《やみよ》を貫《つらぬ》く光となる覚悟も必要とされている。暗黒の海を照らす灯台の光ともならねばなるまい。

私は道を示す者であり、天命に生きることを教える者でもある。この導きの白き手の存在を知ってほしい。

二〇一七年　一月二十六日

幸福《こうふく》の科学《かがく》グループ創始者兼総裁《そうししゃけんそうさい》　大川隆法《おおかわりゅうほう》

『女優・清水富美加の可能性』大川隆法著作関連書籍

『ザ・コンタクト』（幸福の科学出版刊）
『俳優・南原宏治のガハハ大霊言』（同右）
『南原宏治の「演技論」講義』（同右）
『守護霊メッセージ　女優・芦川よしみ　演技する心』（同右）
『女優・北川景子　人気の秘密』（同右）
『時間よ、止まれ。──女優・武井咲とその時代──』（同右）
『「パンダ学」入門』（大川紫央著、同右）

※左記は書店では取り扱っておりません。最寄りの精舎・支部・拠点までお問い合わせください。
『宗教としての包容力』（宗教法人幸福の科学刊）
『若き日のエル・カンターレ』（同右）

女優《じょゆう》・清水富美加《しみずふみか》の可能性《かのうせい》

──守護霊インタビュー──

2017年1月27日　初版第1刷

著　者　大《おお》川《かわ》隆《りゅう》法《ほう》

発行所　幸福の科学出版株式会社

〒107-0052 東京都港区赤坂2丁目10番14号
TEL(03)5573-7700
http://www.irhpress.co.jp/

印刷・製本　株式会社 研文社

落丁・乱丁本はおとりかえいたします

ISBN978-4-86395-876-0 C0095
本文写真：Bamse

大川隆法霊言シリーズ・人気の秘密を探る

時間よ、止まれ。

女優・武井咲とその時代

国民的美少女から超人気女優に急成長する、武井咲を徹底分析。多くの人に愛される秘訣と女優としての可能性を探る。前世はあの世界的大女優!?

1,400円

「神秘の時」の刻み方

女優・深田恭子 守護霊インタビュー

人気女優・深田恭子の神秘的な美しさには、どんな秘密が隠されているのか？ 彼女の演技観、結婚観から魂のルーツまで、守護霊が語り明かす。

1,400円

魅せる技術

女優・菅野美穂 守護霊メッセージ

どんな役も変幻自在に演じる演技派女優・菅野美穂――。人を惹きつける秘訣や堺雅人との結婚秘話など、その知られざる素顔を守護霊が明かす。

1,400円

※表示価格は本体価格（税別）です。

大川隆法霊言シリーズ・人気の秘密を探る

女優・北川景子 人気の秘密

「知的オーラ」「一日9食でも太らない」など、美人女優・北川景子の秘密に迫る。そのスピリチュアルな人生観も明らかに。過去世は、日本が誇る絶世の美女!?

1,400円

景気をよくする人気女優 綾瀬はるかの成功術

自然体で愛される――。綾瀬はるかの「天然」の奥にあるものを、スピリチュアル・インタビュー。芸能界には「宇宙のパワー」が流れている?

1,400円

ローラの秘密

いま、いちばん人気のある天然キャラ・ローラの素顔をスピリチュアル・インタビュー。みんなから愛されるキラキラ・オーラの秘密を大公開!

1,400円

幸福の科学出版

大川隆法霊言シリーズ・プロフェッショナルに学ぶ

守護霊メッセージ 女優・芦川よしみ 演技する心

芸能界で40年以上活躍しつづけるベテラン女優の「プロフェッショナル演技論」。表現者としての「心の練り方」「技術の磨き方」を特別講義。

1,400円

南原宏治の「演技論」講義

天使も悪役も演じられなければ、本物になれない——。昭和を代表する名優・南原宏治氏が、「観る人の心を揺さぶる演技」の極意を伝授！

1,400円

女神の条件 女優・小川知子の守護霊が語る成功の秘密

芸能界で輝き続ける女優のプロフェッショナル論。メンタル、フィジカル、そしてスピリチュアルな面から、感動を与える「一流の条件」が明らかに。

1,400円

※表示価格は本体価格(税別)です。

大川隆法 霊言シリーズ・クリエイティブの秘密に迫る

映画「君の名は。」メガヒットの秘密
新海誠監督の
クリエイティブの源泉に迫る

緻密な風景描写と純粋な心情表現が共感を誘う「新海ワールド」──。その世界観、美的感覚、そして監督自身の本心に迫る守護霊インタビュー。

1,400円

青春への扉を開けよ
三木孝浩監督の青春魔術に迫る

映画「くちびるに歌を」「僕等がいた」など、三木監督が青春映画で描く「永遠なるものの影」とは何か。世代を超えた感動の秘密が明らかに。

1,400円

AKB48 ヒットの秘密
マーケティングの天才・秋元康に学ぶ

放送作家、作詞家、音楽プロデューサー。30年の長きに渡り、芸能界で成功し続ける秘密はどこにあるのか。前田敦子守護霊の言葉も収録。

1,400円

※表示価格は本体価格(税別)です。

大川隆法シリーズ・新刊

日本をもう一度ブッ壊す 小泉純一郎元総理 守護霊メッセージ

「ワン・フレーズ・ポリティクス」「劇場型」の小泉政治と、「アベノミクス」「安倍外交」を比較するとき、現代の日本政治の問題点が浮き彫りになる。【幸福実現党刊】

1,400円

繁栄への決断

「トランプ革命」と日本の「新しい選択」

ＴＰＰ、対中戦略、ロシア外交、ＥＵ危機……。「トランプ革命」によって激変する世界情勢のなか、日本の繁栄を実現する「新しい選択」とは?

1,500円

ロシアの本音 プーチン大統領守護霊 vs. 大川裕太

「安倍首相との交渉は、“ゼロ”に戻った」。日露首脳会談が失敗に終わった真相、そして「日露平和条約締結」の意義をプーチン守護霊が本音で語る。

1,400円

夏のあの日。
思い返せばわかることだった。
君のまなざしは、
すべて知っていたのだと――
君のまなざし
製作総指揮・原案／大川隆法
梅崎快人 水月ゆうこ 大川宏洋 手塚理美 黒沢年雄(特別出演) 黒田アーサー 日向丈 長谷川奈央 合香美希 春宮みずき
監督／赤羽博 総合プロデューサー・脚本／大川宏洋 音楽／水澤有一 製作・企画／ニュースター・プロダクション 制作プロダクション／ジャンゴフィルム
配給／日活 配給協力／東京テアトル ©2017 NEW STAR PRODUCTION
2017年 5月 ROADSHOW
kimimana-movie.jp

Welcome to Happy Science!

幸福の科学グループ紹介

「一人ひとりを幸福にし、世界を明るく照らしたい」──。
その理想を目指し、幸福の科学グループは宗教を根本《こんぽん》にしながら、
幅広い分野で活動を続けています。

宗教活動

30th
おかげさまで30周年
2016年、幸福の科学は
立宗30周年を迎えました。

幸福の科学【happy-science.jp】

- 支部活動【map.happy-science.jp（支部・精舎へのアクセス）】
- 精舎（研修施設）での研修・祈願【shoja-irh.jp】
- 学生局【03-5457-1773】
- 青年局【03-3535-3310】
- 百歳まで生きる会（シニア層対象）
- シニア・プラン21（生涯現役人生の実現）【03-6384-0778】
- 幸福結婚相談所【happy-science.jp/activity/group/happy-wedding】
- 来世幸福園（霊園）【raise-nasu.kofuku-no-kagaku.or.jp】

来世幸福セレモニー株式会社【03-6311-7286】

株式会社 Earth Innovation【earthinnovation.jp】

社会貢献

ヘレンの会（障害者の活動支援）【helen-hs.net】
自殺防止活動【withyou-hs.net】
支援活動
- 一般財団法人
「いじめから子供を守ろうネットワーク」【03-5719-2170】
- 犯罪更生者支援

国際事業

Happy Science 海外法人
【happy-science.org（英語版）】【hans.happy-science.org（中国語簡体字版）】

教育事業

学校法人 幸福の科学学園
- 中学校・高等学校（那須本校）【happy-science.ac.jp】
- 関西中学校・高等学校（関西校）【kansai.happy-science.ac.jp】

宗教教育機関
- 仏法真理塾「サクセスNo.1」（信仰教育と学業修行）【03-5750-0747】
- エンゼルプランV（未就学児信仰教育）【03-5750-0757】
- ネバー・マインド（不登校児支援）【hs-nevermind.org】
  - ユー・アー・エンゼル！運動（障害児支援）【you-are-angel.org】

高等宗教研究機関
- ハッピー・サイエンス・ユニバーシティ（HSU）【happy-science.university】

政治活動

幸福実現党【hr-party.jp】
- <機関紙>「幸福実現NEWS」
- <出版> 書籍・DVDなどの発刊
- 若者向け政治サイト【truthyouth.jp】

HS 政経塾【hs-seikei.happy-science.jp】

出版 メディア 関連事業

幸福の科学の内部向け経典の発刊

幸福の科学の月刊小冊子【info.happy-science.jp/magazine】

幸福の科学出版株式会社【irhpress.co.jp】
- 書籍・CD・DVD・BDなどの発刊
- <映画>「UFO学園の秘密」【ufo-academy.com】ほか8作
- <オピニオン誌>「ザ・リバティ」【the-liberty.com】
- <女性誌>「アー・ユー・ハッピー？」【are-you-happy.com】
- <書店> ブックスフューチャー【booksfuture.com】
- <広告代理店> 株式会社メディア・フューチャー

メディア文化事業
- <ネット番組>「THE FACT」【youtube.com/user/theFACTtvChannel】
- <ラジオ>「天使のモーニングコール」【tenshi-call.com】

スター養成部（芸能人材の育成）【03-5793-1773】

ニュースター・プロダクション株式会社【newstar-pro.com】

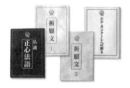

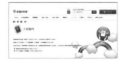